D1728698

TANJA SAUER

Deine Reise als Königstochter

„Deine Reise als Königstochter"
von Tanja Sauer

1. Auflage Oktober 2017
© 2017 edition47

Alle Rechte, ausgenommen die der Kreativautoren, liegen bei edition47.

Kopien, auch auszugsweise, bedürfen der schriftlichen Genehmigung.
Der Verlag weist ausdrücklich darauf hin, dass im Buch erhaltene externe Links
nur bis zum Zeitpunkt der Buchveröffentlichung eingesehen werden konnten. Auf
spätere Veränderungen hat der Verlag keinerlei Einfluss. Eine Haftung des Verlags
für externe Links ist stets ausgeschlossen.

Wenn nicht anders angegeben, wurden die Bibelzitate der „Hoffnung für alle",
Fontis Brunnen-Basel, 2007, entnommen.

Umschlaggestaltung, Layout, Satz: Claudia Mohr, www.herrlichkeiten.com
Portraitbilder von Tanja Sauer, Andrea Herzog, Nadine Stegmeier: Jan Seijkens;
Mirjam Baumann: Urban Photographie
Sara Scharrer: Domink Hamburger
Hintergrundbilder der Kreativbeiträgen von Sara Scharrer, Beate Zimmermann und
Sonja Brecht: freepik; von Andrea Herzog: Claudia Mohr

edition47
Publikationen und Medien der Vineyard Speyer
Zum Schlangenwühl 30
D-67346 Speyer
Deutschland

Internet: www.edition47.de
E-Mail: info@edition47.de
ISBN: 978-3-944443-92-8

edition47

FÜR ALLE FRAUEN,
DIE ES LIEBEN,
ALS KÖNIGSTOCHTER
ZU REISEN

Inhalt

Das Geheimnis des Schmetterlings   11

Der Kokon des Schmetterlings   15

Das Gebet des Herzens   19

Reiseabschnitt
„Du sollst den Herrn, deinen Gott, lieben ..."

1. Das Wesen Gottes als Vater

    Gott, mein Vater   24

    Gott, mein Vater, der mich immer liebt   28

    Gott, mein Vater, der sich nach mir sehnt   32

    Gott, mein Vater, der mich versorgt   36

    Gott, mein Vater, der mich schützt   40

    Gott, mein Vater, der mich tröstet   44

    Gott, mein Vater, der stolz auf mich ist   48

Reiseabschnitt
„... so lieben wie dich selbst"

2. Die Wurzeln meines Seins

    Mein Ursprung   54

    Mein Vater   48

    Meine Mutter   52

    Meine Familie und Verwandten   66

    Meine Familiensysteme   70

    Meine Kindheit   74

    Meine Jugend   78

3. Die Identität einer Königstochter

    Meine Heimat als Königstochter   82

    Mein Herz als Königstochter   86

    Meine Schönheit als Königstochter   90

    Meine Würde als Königstochter   94

    Mein Erbe als Königstochter   98

Meine Freiheit als Königstochter   102
Mein Frieden als Königstochter   106

4. Die Beautyfarm Gottes
Sich selbst annehmen   110
Meinen Körper wertschätzen   114
Einzigartig sein   118
Meine Schätze entdecken   122
Begabungen und Träume leben   126
Lebensrhythmen entwickeln   130
Aufstehen und strahlen   134

5. Von der Raupe zum Schmetterling
Als Königstochter erblühen   138
Zähneputzen des Herzens   142
Leben in der Gegenwart des Vaters   146
Kraft der Dankbarkeit   150
Der Klang des Herzens   154
Innerlich erwachsen werden   158
Frei von Scham   162

REISEABSCHNITT
„UND DEINEN MITMENSCHEN SO LIEBEN ...“

6. Als Königstochter leben
Lebendige Beziehungen   168
Herzensbeziehungen leben   172
Lass deine Liebe eingeschaltet   176
Grenzen setzen   180
Wertvolle Kommunikation   184
Frei von Konkurrenz   188
Kostbare Herzensfreundin   192

7. Als Schmetterling fliegen

    Ein Licht in der Welt   196

    Das Gold im anderen   200

    Berufen, die Welt zu verändern   204

    Die Würde der anderen   208

    Frei von Manipulation   212

    Mut zur Wahrheit   216

    Die Freiheit, zu wählen   220

Die Reise des Schmetterlings   225

Die Krone empfangen   228

Danksagung   230

Das Kreativ-Team   234

Quellen   236

Orte für Hilfe   238

Buchempfehlungen   240

DAS GEHEIMNIS DES SCHMETTERLINGS

Wenn sich eine Frau von der Schönheit Gottes prägen lässt, erlebt sie eine tiefe Freiheit.

Tanja Sauer

Bei der Gestaltung der beiden Bücher „Steh auf und strahle in deiner Schönheit" sowie „Ein Weg zu deiner Schönheit" hatte meine Grafikerin die Idee, einen Schmetterling durch die Bücher fliegen zu lassen.

Im ersten Moment reagierte ich zögerlich. Ich fragte mich, ob ich einen Schmetterling als Stilelement nicht als zu romantisch empfinden würde. Je länger ich über den Vorschlag nachdachte, desto mehr freute ich mich darüber. Ich entdeckte, dass Schmetterlinge viele Dinge symbolisieren, die „Königstochter"[1] ein Anliegen sind.

Es ist die Vision von „Königstochter"[2], dass Frauen in Königstochter einen Ort haben, um aufzustehen und ihre Schönheit zu entfalten wie ein Schmetterling, wenn er im strahlenden Sonnenschein von Blüte zu Blüte fliegt. Frauen haben als Königstöchter eine zarte, sensible Seite und gleichzeitig geht von ihnen eine Leben bringende Stärke aus. Beides vereint ein Schmetterling in sich.

Die Lebensgeschichte eines Schmetterlings ist ein kostbares Abbild für das Leben einer Königstochter. In der Tat lässt beim Anblick einer Raupe nichts darauf schließen, dass aus ihr einmal ein prächtiger Schmetterling hervorgehen wird. Ein Schmetterling würde niemals ein Schmetterling, weigerte eine Raupe sich, in den Prozess der Verpuppung zu gehen.

An diesem Punkt endet der Vergleich, denn eine Raupe kann die Metamorphose nicht verweigern, da sie keinen freien Willen hat.

Wir als Menschen besitzen die einzigartige Möglichkeit, Entscheidungen zu treffen und zwischen verschiedenen Optionen zu wählen. Wir können uns

---

[1] Weitere Informationen zur Geschichte und zum Konzept von „Königstochter" findest du in „Steh auf und strahle in deiner Schönheit". (Tanja Sauer 2016)
[2] Auf Seite 228 findest du Gedanken und Impulse über das Königstochter-Sein.

entscheiden, ob wir uns als Königstöchter auf einen Prozess einlassen, damit aus uns prachtvolle Schmetterlinge werden und wir als wunderschöne Königstöchter leben.

Bei einem Abend von „Königstochter Girls"[3] erzählte Julia[4]: „Mir geht es so, dass ich in meinem Inneren spüre, dass es Erlebnisse und Erinnerungen gibt, die mir weh tun. Ich sehne mich so sehr, dass Jesus sie heilt. Ich habe schon viele Erwachsene gefragt, ob sie mir erklären können, wie dies geht. Alles, was ich als Antwort bekommen habe, war ein hilfloses Schulterzucken und die Antwort, Jesus heilt das eben innerlich." Dann fragte sie mich: „Tanja, kannst du mir erklären, wie das geht, dass Jesus etwas innerlich heilt?"

Eine weise und mutige Frage zugleich.

Ich nahm mir Zeit, Julia und den anderen Mädchen zu erklären, wie es konkret aussehen kann, wenn Jesus Wunden und Verletzungen in der Seele und im Herzen heilt. Etliche Mädchen erlebten an diesem Abend, dass Jesus in ihrem Inneren genau dies tat. Es flossen viele Tränen – Tränen des Schmerzes, Tränen der Trauer und Tränen der Freude.
Julia besaß den Mut, aus ihrem Kokon herauszuschlüpfen und ihre Sehnsucht in Worte zu fassen. Sie ist ein wunderschönes Mädchen und wird eine ebensolche Frau werden, die aufsteht und in ihrer Schönheit strahlt.

In den nächsten Wochen und Monaten kam mir immer wieder dieser Abend bei „Königstochter Girls" in den Sinn. Ich dachte an all die Frauen und jungen Mädchen und vermutlich genauso viele Männer und Jungen, die dieselbe Frage wie Julia in sich tragen.
So formte sich in mir die Idee, die Antwort, die ich Julia gab, nicht nur ihr zu geben, sondern allen, die sich danach sehnen, als Königstochter wunderbar, strahlend und aufrecht durchs Leben zu gehen.

Ich möchte dich auf „Deine Reise als Königstochter" einladen.

Es ist eine Reise deines Herzens. Eine Reise, die du vollkommen selbst zu-

---

[3] Königstochter Girls basiert auf den Werten von Königstochter.
[4] Der Name wurde anonymisiert.

sammenstellst, selbst gestaltest und selbst wählst, wie lange sie dauert. Wenn man eine Reise antritt, besonders dann, wenn sie in unbekannte Gegenden geht, hilft es, sich vorab zu informieren.

„Deine Reise als Königstochter" besteht aus drei großen Reiseabschnitten. Diese Abschnitte orientieren sich an dem Bibelvers: „Du sollst den Herrn, deinen Gott, lieben von ganzem Herzen, mit ganzer Hingabe, mit all deiner Kraft und mit deinem ganzen Verstand. Und auch deinen Mitmenschen sollst du so lieben wie dich selbst." (Lukas 10,27).
Der erste große Reiseabschnitt hat zum Thema „Du sollst den Herrn, deinen Gott, lieben". Der zweite Reiseabschnitt dreht sich um den Schwerpunkt „... so lieben wie dich selbst". Abschließend beschäftigt sich der dritte Reiseabschnitt mit dem Gedanken „Und auch deinen Mitmenschen sollst du so lieben ...".

Die großen Reiseabschnitte setzen sich aus einzelnen Reise-Etappen zusammen. Jede Etappe in „Deine Reise als Königstochter" besteht aus vier Seiten. Ausgehend von einem Bibelvers findest du auf den ersten drei Seiten Gedanken und Fragen – genannt Herzensimpulse – zu dem jeweiligen Etappenthema. Zum Abschluss einer Reise-Etappe fast eine Autorin des Kreativ-Teams[5] die Impulse und Gedanken auf eine besondere Art zusammen. Das Kreativ-Team wurde für die Entstehung dieses Buches ins Leben gerufen. Es besteht aus wunderschönen Königstöchtern, deren Traum es ist, dass Frauen aufstehen und in ihrer Schönheit strahlen.

Es ist deine Reise als Königstochter. Ich wünsche dir, dass du merkst, was du brauchst, was dir Leben bringt und was nicht. Niemand außer dir kann entscheiden, welche Reise-Etappen dieses Buches für dich in deiner aktuellen Lebenssituation wertvoll sind.

Ganz bewusst gibt es in diesem Buch keine leeren Seiten mit Linien, auf die man etwas schreiben kann. Zu sehr würde ich bei einem solchen Buchaufbau an Arbeitshefte aus meiner Schulzeit erinnert. Damals musste man die leeren Zeilen mit der richtigen Antwort ausfüllen. Zu der Kontrolle und Korrektur gab

[5] Mehr Informationen zum Kreativ-Team findest du ab Seite 234.

es ein Lösungsheft. „Deine Reise als Königstochter" besitzt kein Lösungsheft. Deine „Lösungen" sind individuell. Deine Heilung, Freisetzung und Wiederherstellung deines Herzens sind einzigartig. Du wirst sie in der Begegnung mit Gott bekommen. Manchmal wirst du deine Lösung sofort finden, manchmal wirst du dafür Zeit brauchen.

Wenn du Impulse und Gedanken zu deiner Reise notieren möchtest, lade ich dich ein, dir ein separates Reisetagebuch anzulegen.

DER KOKON DES SCHMETTERLINGS

„Ja, ich will dich wieder gesund machen
und deine Wunden heilen, spricht der Herr."

Jeremia 30,17

Als in der Schule über dich gelacht wurde, weil du eine Brille getragen hast, die nicht dem Trend entsprach, hat Jesus deinen Schmerz gespürt.

Jesus ist vor Schreck genauso zusammengezuckt wie du, als dein Vater dich angeschrien hat, dass du keine eigenen Entscheidungen treffen darfst und du machen musst, was er möchte, solange du deine Füße unter seinen Tisch stellst.

Als du als kleines Kindergartenmädchen voll Freude ein selbst gemaltes Bild deiner Mutter zeigtest und sie nur meinte, dass sie dafür jetzt keine Zeit hat, hat Jesus genauso geweint wie du.

Jesus hat deine Hoffnungslosigkeit und Verzweiflung gespürt, als du deinen Eltern von deinen Träumen erzählt hast und sie meinten, dass du deine Träume vergessen solltest und dafür kein Geld zur Verfügung stehe.

In der Kindheit und Jugend eines jeden Menschen gibt es sowohl traurige als auch schöne Erlebnisse und Begegnungen. Niemand kann sich an alle schmerzhafte Erlebnisse erinnern. Manche waren so intensiv, dass wir sie bewusst oder unbewusst verdrängt haben. Dennoch haben wir sie erlebt.

Sich mit schmerzvollen Erlebnissen auseinanderzusetzen bedeutet nicht, deine Herkunftsfamilie oder jemanden anzuklagen, deine Eltern schlecht zu machen oder ihre Lebenshaltung zu bewerten. Es heißt, dass du Verantwortung für dein Leben übernimmst, um in eine neue Freiheit und einen tiefen Frieden zu kommen.

Manchmal kann es geschehen, dass wir als erwachsene Frau ein Erlebnis haben, das uns schmerzt, und wir zugleich spüren, dass wir das Erlebte viel intensiver empfinden, als es in der Realität ist. Durch das aktuell Erlebte wird

eine Art roter Knopf gedrückt, der längst vergessene Schmerzen und Wunden wieder an die Oberfläche bringt. Denn die Zeit heilt nicht alle Wunden, auch wenn uns dies ein Sprichwort weismachen möchte.

Aus den schmerzhaften Erlebnissen und Erfahrungen unserer Kindheit und Jugendzeit haben wir Gedanken über uns entwickelt, die dazu führen können, dass wir Lügen über uns selbst glauben, selbst wenn sie nicht der Realität entsprechen.

Ein Kind, das die Abweisung seines gemalten Bildes durch die beschäftigte Mutter spürt, kann die Situation zum Beispiel als „ich bin nicht wichtig", „ich kann nicht malen" verstehen. Es zieht unbewusst die Schlussfolgerung, wäre es wichtig oder das Bild hübsch, würde die Mutter ihre Arbeit unterbrechen.

Diese Lügen können unsere Gefühle und unsere Verhaltensweisen prägen. Solche Wunden können psychosomatische Krankheiten verursachen und haben damit oft Auswirkungen auf unseren Körper.

Vater Gott[5] hat uns geschaffen als eine Einheit von Körper, Geist und Seele[6]. Die Seele besteht aus unseren Emotionen, unserem Willen und unserem Verstand. Wir strahlen als Königstöchter in Gottes Schönheit, wenn wir in einer Einheit von Körper, Geist und Seele leben.

Ein Beispiel über die Einheit von Körper, Geist und Seele findet man im Neuen Testament, wenn das Wort „sozo" verwendet wird. Die Bedeutung des griechischen Wortes „sozo" ist retten, freisetzen, ganz machen, wiederherstellen, heilen, ganz sein. Im Neuen Testament wird der Begriff „sozo" meistens dann verwendet, wenn Jesus einen Menschen heilt, ob körperlich, seelisch oder geistlich (Römer 10,9; Lukas 19,10; Matthäus 9,22).

Vater Gott sehnt sich danach, dass wir in unsere Identität als sein Kind, seine Königstochter[7], kommen. Er möchte an die Ursprünge unserer Wunden und Verletzungen gehen und sie heilen, damit wir in seiner Schönheit strahlen

---

[5] Bewusst verwende ich die Bezeichnung von „Vater Gott" (Römer 8,15) in diesem Buch, um den Fokus auf Gott als Vater zu legen.

[6] In 1.Korinther 2,14 verweist Paulus darauf, dass ein Mensch aus Körper, Geist und Seele besteht. Genesis 1, 26-30 beschreibt, wie Gott dem Menschen eine Seele und einen Geist gibt.

[7] Im Neuen Testament wird ausschließlich von Königssöhnen gesprochen, was auch die Frauen beinhaltet. Im Alten Testament wird – einmalig – im Psalm 45 explizit der Begriff Königstochter verwendet. Da es in diesem Buch um Frauen geht, wird der Begriff „Königstochter" im gesamten Buch ganz bewusst benutzt.

können. Er hat seine Schönheit in uns hineingelegt, als er uns geschaffen hat (Genesis 1).

Wenn beim Lesen schmerzhafte Erfahrungen und Erlebnisse hochkommen, möchte ich dir Mut machen, deinen Schmerz und deine Wut ernst zu nehmen und nicht zu verdrängen. Jesus möchte deinen Schmerz heilen und mit dir zusammen schauen, warum du traurig bist und wie du Frieden bekommst. Er bringt Heilung, Freisetzung und Wiederherstellung in dein Herz.

Vielleicht geht es dir in diesem Augenblick wie Julia – du fragst dich, wie dieses Heilen geschehen kann. Ich möchte dir ein „Gebet des Herzens" vorschlagen, das du an jeder Stelle dieses Buches beten kannst. Du findest das Gebet im nächsten Kapitel und auf der beiligenden Karte.

In jeder Reise-Etappe wirst du Herzensimpulse finden, die dich dazu einladen, im Lesen innezuhalten und über die Herzensimpulse mit Jesus ins Gespräch zu kommen, um Heilung zu erfahren.

Die Herzensimpulse und das „Gebet des Herzens" sind dein Schmetterlingskokon. Dein geschützter Raum, in dem du Heilung für dein Herz erleben kannst. Dein Ort, an dem du lernen kannst, immer mehr in der Schönheit als Königstochter zu strahlen.

„Oft haben wir den Wunsch, dass unsere Wiederherstellung wie durch Zauberhand geschieht, und hoffen auf eine Fee mit den berühmten drei Wünschen. Vater Gott freut sich, wenn wir beginnen, für unser Leben Verantwortung zu übernehmen. Er wird als liebender Vater in diesem Prozess immer bei uns sein." (Tanja Sauer 2016)

So wie der zukünftige Schmetterling eine bestimmte Zeit in seinem Kokon verbringt, ist die Wiederherstellung deiner Persönlichkeit als Königstochter ebenfalls ein Verwandlungsprozess.

Unabhängig davon, was du beim Lesen von „Deine Reise als Königstochter" erlebst und an Heilung durch Jesus erfahren wirst, kann es unter Umständen hilfreich sein, dir weitere Unterstützung durch Seelsorge, Therapie oder ein

Sozo[9] zu holen. Ich möchte dich besonders dazu ermutigen, dies zu tun, wenn du eine psychosomatische Krankheit oder Sucht hast, an Depressionen leidest oder Missbrauch – emotional oder sexuell – erlebt hast.

[9] Ab Seite 238 findest du Angebote, die dich auf deinem Weg der Heilung unterstützen können.

DAS GEBET DES HERZENS

Das Gebet des Herzens möchte dich in eine Begegnung mit Gott führen und dir Raum geben, damit du Heilung für deine Herz erfährst. Es ist ein Ort, an dem du erleben kannst, immer mehr als Königstochter zu strahlen.

Wenn du das „Gebet des Herzens" betest, gibt es keine feste Regel. Möglicherweise hilft es dir, in der Anrede zwischen Jesus, Vater Gott und dem Heiligem Geist zu unterscheiden, vielleicht ist dies für dich störend oder sogar verwirrend. Entscheide dich dafür, was deinem Herzen Ruhe bringt.

Aus meinem eigenen Leben weiß ich, dass es mir lange Zeit schwerfiel, im Gebet Vater Gott persönlich anzusprechen. In dieser Zeit war für mich Jesus ein sicherer Ort.

Sicherer Ort

Vater Gott, danke, dass du es liebst, wenn ich als deine Tochter meine Schönheit, die du in mich gelegt hast, entdecke.

Danke, dass du meine Wunden, die durch meine Verletzungen entstanden sind, heilst. Vater Gott, ich bitte dich, dass du jetzt um mich einen Raum von vollkommenem Schutz schaffst.

Erlebte Verletzung

Vater Gott, du kennst den Schmerz[10], den ich gerade spüre. Es ist der Schmerz über „....". [Benenne so konkret wie möglich den Schmerz und die erlebte Situation. Es kann hilfreich sein, dies aufzuschreiben.]

Danke, Vater Gott, dass du in dieser Situation bei mir gewesen bist, selbst wenn ich das damals nicht gefühlt habe oder dich damals noch gar nicht kannte.

Kannst du mir zeigen, wann ich zum ersten Mal diesen Schmerz erlebt habe? [Höre zu, was Gott dir nun offenbart. Dies kann unterschiedlich geschehen, du kannst dich vielleicht an eine Situation, an einen Geruch, eine Farbe oder an eine bestimmte Person erinnern. Überlege dir, ob du diese Dinge aufschreibst.]

---

[10] Statt „Schmerz" kannst du auch „Wut", „Trauer", „Zorn", „Angst", „Scham" etc. in das Gebet einfügen.

Gegenwart von Vater Gott

Vater Gott, kannst du mir zeigen, wo du in dieser Situation gewesen bist?

Was hast du in dieser Situation getan?

Was hast du gesagt?

Was hast du mit der/den anderen Person(en) gemacht, die in diese Situation eingebunden war(en)?

Was hast du zu der/den Person(en) gesagt?

[Nimm dir Zeit zu hören, was Gott dir zeigt. Notiere es dir, wenn du möchtest.]

Vergebung

Gibt es noch jemand, dem du in diesem Zusammenhang vergeben magst?

[Nimm dir Zeit hinzuhören, was Gott dir offenbart.]

Ich vergebe in deinem Namen, Jesus, „..." [Füge den Namen der Person ein und benenne konkret die Situation].

Ich rechne ihr/ihm diese Situation nicht mehr an. Ich halte mit ihr/ihm bewusst und unbewusst kein Gericht mehr über diese Sache.

[Falls dir es schwerfällt zu vergeben, möchte ich dich einladen, zuvor die Reise-Etappe „Zähneputzen des Herzens" zu lesen.]

Trost und Heilung

Jesus, komm und heile den Schmerz und die Angst, die hierdurch entstanden sind. Danke, dass du mich in deinen Armen hältst (Psalm 131,2). Danke, dass du meine Tränen trocknest (Offenbarung 21,3–4). Danke, dass du mich tröstest, wie eine Mutter tröstet (Jesaja 66,13).

[Nimm dir Zeit, in Gottes Gegenwart und in seiner Liebe zu sein. Es kann sein, dass du spürst, wie dein Schmerz weniger wird. Unabhängig, ob du im Moment etwas spürst oder nicht, fängt Jesus an, in dir den benannten Schmerz zu heilen, weil er treu ist und er es dir zugesagt hat.]

Freiheit von Lügen

Heiliger Geist, komm und offenbare, ob es Lügen gibt, die ich in Bezug auf den erlebten Schmerz[11] glaube.

[Nimm dir Zeit zu hören, was Gott dir zeigt.]

Heiliger Geist, kannst du mir sagen, wo du in dieser Situation gewesen bist, als ich diese Lüge geglaubt habe?

[Nimm dir Zeit hinzuhören, was Gott dir offenbart. Überlege dir, ob du dir dies aufschreiben möchtest.]

Jesus, ich gebe dir jetzt diese Lüge [Benenne diese konkret oder schreibe sie auf.] und bitte dich um Vergebung, dass ich dieser Lüge geglaubt habe. Im Namen Jesu breche ich jede Vereinbarung, die ich mit dieser Lüge eingegangen bin, bewusst oder unbewusst.

Wahrheit über mein Leben

Jesus, was gibst du mir statt dieser Lüge?

Zeige du mir, was deine Wahrheit ist.

[Nimm dir Zeit hinzuhören, was Gott dir offenbart. Überlege dir, ob du dir dies aufschreiben möchtest.]

Jesus, ich danke dir, dass die Wahrheit über mein Leben in dieser Situation ist, dass ich ... [Benenne nun konkret, was dir Gott als Wahrheit gezeigt hat.] Danke, dass du das, was du heute in mir angefangen hast, zur Vollendung bringen wirst.

Amen

Es kann sein, dass es Zeit braucht, bis der Schmerz vollkommen geheilt ist. Ferner ist es möglich, dass du noch einmal in eine Situation kommst, die dich an den alten Schmerz erinnert oder an eine alte Lüge, die du über dich und dein Leben geglaubt hast. Heilsam und befreiend ist es, wenn du dich an die Wahrheit erinnerst, die dir Jesus zugesprochen hat. Wenn du merkst, dass sich in deinem Prozess der Heilung nichts verändert, mache ich dir Mut, dir professionelle Unterstützung zu holen.

[11] Nenne hier konkret das Thema, das dich beschäftigt.

DU SOLLST DEN HERRN, DEINEN GOTT, LIEBEN ...

GOTT, MEIN VATER

Denn der Geist Gottes, den ihr empfangen habt,
führt euch nicht in eine neue Sklaverei,
in der ihr wieder Angst haben müsstet.
Er macht euch vielmehr zu Gottes Kindern.
Jetzt können wir zu Gott kommen und zu ihm sagen:
„Abba, lieber Vater!"

Römer 8,15

Von Anbeginn der Schöpfung war es die Sehnsucht und das Ziel Gottes, dass jeder Mensch in einer Beziehung zu ihm lebt. Eine Beziehung, die geprägt ist von vollkommenem Vertrauen und einer bedingungslosen Liebe. Eine Liebe, die frei ist von Angst und Furcht.

Vater Gott sehnt sich danach, zu dir eine so tiefe und vertraute Beziehung zu haben, dass er für dich dein himmlischer Vater ist und du seine Königstochter. Er möchte für dich ein Vater sein, vor dem du dich nicht selbst schützen brauchst. Ein Vater, der nur gute Gedanken über dich hat. Ein Vater, der es genießt, mit dir zusammen zu sein. Ein Vater, dem du blind vertrauen kannst.

Jesus hatte und hat diese einzigartige Beziehung zu Vater Gott. Eine Beziehung, geprägt von vollkommener Liebe. Er hatte und hat keine Furcht vor Gott und konnte ihm blind vertrauen, auch als er wusste, dass er in wenigen Stunden sterben würde.

Über die Beziehung, die Jesus zu seinen Eltern Maria und Josef hatte, lesen wir wenig in der Bibel. Genauso geht es uns mit seiner Kindheit und Jugend. Wir wissen nicht, ob es zwischen Jesus und seinen Geschwistern Neid und Streit gab. Ob seine Geschwister intuitiv gespürt haben, dass ihr Bruder Jesus irgendwie anders ist, wissen wir ebenso wenig. Hat seine Mutter Maria ihn anders behandelt als ihre restlichen Kinder, weil sie die Verheißungen Gottes in ihrem Herzen trug (Lukas 2,51)?

Wir wissen nicht, wie innig und intensiv die Beziehung zwischen Jesus und Josef, seinem irdischen Vater, gewesen ist. Wir wissen nicht, ob Josef verstanden hat, dass Jesus, sein Erstgeborener, mit dreißig Jahren aus den üblichen Traditionen ausgebrochen ist und nicht das Erbe seines irdischen Vaters als Zimmermann fortgeführt hat. Wir lesen nichts von den Gesprächen und Erlebnissen, die Jesus mit seinen Eltern, besonders mit Josef, gehabt hat.

Allerdings wissen wir, dass Jesus als Kind und Jugendlicher Dinge erlebt hat, die ihn geschmerzt haben, sonst hätte er nicht „als wahrer Mensch und wahrer Gott" unsere Schmerzen, die wir erlebt haben, für uns am Kreuz tragen können (Jesaja 53,4 ff.; Hebräer 2,16–18).

Uns unterscheidet von Jesus, dass er von Kindesbeinen an einen Schlüssel hatte, mit seinen Verletzungen umzugehen, damit diese ihn nicht von Vater Gott weg, sondern näher an das Herz Gottes bringen. Er wusste bereits als Zwölfjähriger, dass seine Identität und sein Leben in der Gegenwart seines himmlischen Vaters gegründet sind (Lukas 2,49).

Es ist eine wunderbare Verheißung und Zusage Gottes, dass für uns die identische Beziehung zu Gott bereitsteht, die Jesus mit Vater Gott hat (Johannes 3,16). An vielen Stellen der Bibel lesen wir, dass wir seine Kinder sind (Johannes 1,12; Römer 8,14; Philipper 2,15). Gott lässt daran keinen Zweifel.

Für Gott ist es wichtig, uns, seinen Königskindern, zu sagen, dass eine Beziehung zu ihm als Vater frei von Furcht, Angst, Knechtschaft und Sklaverei ist.

Gott ist dein Vater und du bist seine Königstochter.

HERZENSIMPULSE

🦋 Welche Aspekte von Gott als Vater hast du in dem Wesen deines irdischen Vaters wiedergefunden?

🦋 Welche Erinnerung an deinen Vater macht es dir schwer zu glauben, dass Gott ein liebender Vater ist?

🦋 Kannst du dir vorstellen, dass Jesus dich versteht, wenn du traurig darüber bist, dass dein Vater und deine Mutter dich nicht verstanden haben?

Leo Leonni beschreibt in seinem Buch "Fisch ist Fisch" die Freundschaft zwischen einem Frosch und einem Fisch. Eines Tages hüpft der Frosch aus dem Teich und entdeckt ein Leben ausserhalb seiner Welt. Zurück im Teich berichtet er dem Fisch.

Im Bilderbuch wird die Vorstellung herrlich illustriert: Vögel mit einem Fischkörper und Flügel, Kühe haben einen Fischkörper dazu 4 Beine und selbst die Menschen sind aufrecht gehende Fische. Er kann sich das Leben ausserhalb seiner Erfahrungen nicht vorstellen: Fisch bleibt Fisch.

Diese Kindergeschichte ist eine Metapher für mich. Ich kann mir Gott einfach nicht vorstellen, er bekommt immer wieder menschliche Attribute und Eigenschaften. Die Vorstellung von Gott als meinem Vater läuft immer wieder Gefahr, sie mit meinem leiblichen Vater zu füllen.

Dieser Gedanke kann hilfreich sein, denn egal wie mein leiblicher Vater ist und war: Gott ist auf jeden Fall anders. Gott, sein Wesen, alles ist ausserhalb meines Vorstellungsvermögens, ER ist ausserhalb meiner erfahrenen Welt. Und das ist gut so! So kann ich mich auf Gott einlassen, Gott ist so anders als mein leiblicher Vater! Das fordert mich heraus, Gott zu suchen und in einer anderen Dimension zu denken.

Im Lobpreis habe ich manchmal die Idee, etwas aus meinem Teich herauszuschauen und Gott zu entdecken, der so ganz anders ist als mein Vater – und doch gefällt mir der Gedanke, dass Gott ein guter Papa ist.

A.H.

GOTT, MEIN VATER, DER MICH IMMER LIEBT

Ich habe dich je und je geliebt, darum habe ich dich zu mir gezogen aus lauter Güte.

Jeremia 31,3 (Luther 2017)

Gott, dein Vater, hat dich schon immer geliebt. Er hat dich geliebt, bevor du gezeugt wurdest. Er hat dich geliebt, als du im Bauch deiner Mutter gewesen bist. Er hat dich geliebt, unabhängig davon, ob du in die Lebensplanung deiner Eltern gepasst hast oder nicht.

Vater Gott hat dich geliebt, als du geboren wurdest. Er hat dich geliebt, als du in den Kindergarten gegangen bist. Er hat dich geliebt, als du einsam in deinem Kinderbett gelegen bist und niemand dir die Angst vor dem Einschlafen genommen hat. Er hat dich geliebt, als du am ersten Tag als Schulanfängerin in die Schule gegangen bist. Er hat dich geliebt, als niemand dich in eine Mannschaft gewählt hat. Er hat dich geliebt, wenn du allein im Schulhof gestanden bist – ohne Freundin. Er hat dich geliebt, als du das erste Mal gelogen hast, um dich vor den Reaktionen deiner Eltern zu schützen. Er hat dich geliebt, als du ausgelacht wurdest, weil du vielleicht nicht so schöne Kleider wie deine Mitschülerinnen hattest.
Er hat dich geliebt, als deine Mutter mit dir geschimpft hat, weil du nicht auf deine Geschwister aufgepasst hast. Er hat dich geliebt an dem Tag, als du deine erste Regelblutung bemerkt hast und die Veränderungen in deinem Körper gespürt hast.
Er hat dich geliebt, als du Unmengen von Nahrungsmitteln in dich reingeschlungen hast, weil du dich selbst nicht mehr spüren wolltest. Er hat dich geliebt, als du in der dunklen Nacht heimlich auf die Toilette geschlichen bist und dich mit einer Rasierklinge geritzt hast. Er hat dich geliebt, als du abends mit Freunden auf eine Party gegangen bist, deine Freiheit gesucht hast, obwohl deine Eltern es dir nicht erlaubt hatten. Er hat dich geliebt, als ...

Nichts, was du getan hast, im Moment tust oder tun wirst, wird Gott davon abhalten, dich bedingungslos zu lieben.

Ob du heute den ganzen Tag in deinem Bett liegen bleibst oder im Namen Jesu einen Toten auferweckst, verändert nicht die Liebe deines himmlischen Vaters zu dir. Vater Gott kann dich nicht noch mehr lieben. Denn „mehr lieben" würde bedeuten, dass er dich vorher weniger geliebt hat. Die Liebe Gottes ist immer vollkommen. Seine Liebe zu dir ist ohne Vorbehalte. Die Liebe Gottes zu dir enthält keine Bedingungen wie „Wenn du ..., dann werde ich, Gott, dein Vater, dich lieben, nur dann kann ich dich lieben.".

Wenn du mit Gott, deinem himmlischen Vater, zusammen bist, dann findest du in seiner Gegenwart nur Liebe. Eine Liebe, die frei ist von Druck, Zwang, Missbrauch, Manipulation und Forderungen. Wenn du in die Augen von Vater Gott schaust, findest du dort tiefstes Verstehen und vollkommene Annahme. In diesem Moment steht Vater Gott mit ausgebreiteten Armen vor dir und ruft dir zu: „Komm, mein Königskind, komm, meine geliebte Tochter. Ich liebe dich. Komm zu mir. Setze dich auf meinen Schoß. Ich sehne mich nach dir und möchte mit dir Zeit verbringen. Es gibt für mich nichts Schöneres, als mit dir zusammen zu sein."

Vater Gott liebt dich. Du bist seine geliebte Königstochter. Vater Gott liebt dich so leidenschaftlich, wie er Jesus, seinen Sohn, liebt.
Er wird nicht alle deine Entscheidungen mögen. Doch auch die Entscheidungen, die in den Augen Gottes nicht gut für dein Leben gewesen sind, ändern nichts an seiner Liebe zu dir.

Gott ist dein Vater, der dich immer liebt, weil du seine Königstochter bist.

HERZENSIMPULSE

🦋 Wie geht es dir mit der Tatsache, dass Vater Gott dich immer liebt? Welche Gefühle und Gedanken entstehen dabei in dir?

🦋 Beschreibe Situationen in deinem Leben, in denen du denkst, dass Gott dich weniger liebt?

kostbar
und
wertvoll

C.M.

GOTT, MEIN VATER, DER SICH NACH MIR SEHNT

Jetzt haben sie alle den einen Vater:
sowohl Jesus, der die Menschen in die Gemeinschaft mit
Gott führt, als auch die Menschen,
die durch Jesus zu Gott geführt werden.
Darum schämt sich Jesus auch nicht, sie seine Brüder
und Schwestern zu nennen.

Hebräer 2,11

Noch viele Jahre, nachdem ich begonnen hatte, mit Jesus zu leben, konnte ich mit dem Begriff „Königskind" emotional nichts anfangen. Meine ganze Gottesbeziehung bezog sich auf Jesus. Ich konnte mir nicht vorstellen, dass Gott ein Vater ist, der sich nach mir sehnt. Ein Vater, der gerne mit mir zusammen ist.

Von der Wortdefinition her bedeutet sehnen „innig, schmerzlich, nach jemandem oder etwas verlangen bzw. den starken Wunsch haben, dass jemand oder etwas da ist".

Gott, mein Vater, wünscht sich, dass ich für immer und ewig bei ihm bin und mit ihm eine Beziehung lebe, die von Liebe und Vertrauen geprägt ist. Gott, mein Vater, vermisst mich innig und schmerzlich. Dies drückt der Bibelvers Johannes 3,16 (LU 2017) aus.

Diese Tatsache lag lange Jahre außerhalb meiner Vorstellungskraft.

Selbst wenn ich diesen Gedanken zuließ, gab es noch einen weitere Überlegung in mir. Dafür schämte ich mich. Ich fragte mich: „Sehne ich mich wirklich nach Vater Gott? Will ich mit Gott als meinem Vater tatsächlich Gemeinschaft haben?"

Tief in mir kannte ich die Antwort und hatte Angst. Angst, mir diese Antwort anzuschauen und nach den Ursachen zu fragen. Ich konnte Vater Gott lange Zeit nicht vertrauen, obwohl ich mich danach tief in meinem Herzen sehnte. In meiner Vorstellung war Gott ein Vater, der sich nicht um meiner selbst Willen nach Gemeinschaft mit mir sehnte, sondern er war für mich ein Gott, der von mir Dinge forderte, und vor dem ich einmal Rechenschaft über mein Leben ablegen musste.

Als Kind tat ich viele Dinge, um die Liebe meines irdischen Vaters zu bekommen. Ich war mir nie sicher, ob das, was ich leistete, genügte.

Als junge Frau fuhr ich auf eine Konferenz. Sie hatte zum Thema „Gott als Vater tiefer kennenlernen". Der erste Abend begann mit Lobpreis. Ich konnte den Lobpreis überhaupt nicht mit Freude erleben. Um mich herum schienen alle Menschen in der Gegenwart Gott versunken zu sein und sie zu genießen. Die Lobpreiszeit war für mich ein einziger Albtraum. Ich spürte nichts von Gottes Gegenwart. Für mich fühlte es sich so an, als sei zwischen mir und Gott eine unüberwindbare Mauer. Ich war verzweifelt. Ich überlegte ernsthaft, ob ich nicht schon am Abend von dieser Konferenz abreisen sollte. Ich schrie innerlich zu Gott: „Ich halte es nicht aus. Du bist für mich so fern als Vater. Ich sehne mich nach dir. Doch ich fühle nichts. Spüre nichts von deiner Liebe."

Am Ende des Abends kam ein junges Mädchen zögernd auf mich zu und sagte: „Ich kenne dich nicht. Ich habe so etwas noch nie getan, aber im Lobpreis habe ich mich umgeschaut und da hatte ich den Eindruck, dass Gott zu mir sagt, ich soll dir sagen: Gott liebt dich so sehr. Er liebt dich als Vater."

Sprachlos schaute ich sie an. Ich begann zu weinen und ich spürte, wie ein Stück meiner gefühlten Mauer verschwand. Als Königstochter begann ich, mit dem Herzen immer mehr zu verstehen, dass Vater Gott sich um meiner Selbst willen nach mir sehnt und unendlich gerne mit mir zusammen ist.

Gott ist dein Vater, der sich nach dir sehnt, weil du seine Königstochter bist.

HERZENSIMPULSE

🦋 Welche Aussage möchtest du von Gott als deinem Vater hören, die er zu dir als seine Tochter spricht?

🦋 Schreibe auf, was es dir bedeutet, dass Gott dein Vater ist.

VATER
GOTT, ICH NEHME DEINE
EINLADUNG AN, DICH ALS MEINEN
LIEBENDEN VATER, DER SICH NACH MIR
SEHNT, KENNENZULERNEN.
HILF MIR, DASS ICH ES NICHT NUR MIT MEINEM
VERSTAND GLAUBE, SONDERN ES ZU EINEM TIEFEN
WISSEN IN MEINEM HERZEN WIRD. ICH SAGE JA ZU
DEINER BEDINGUNGSLOSEN LIEBE ZU MIR.
DANKE, DASS DU BEHUTSAM ALLE HINDERNISSE
ENTFERNST, DIE DIESER WAHRHEIT
ENTGEGENSTEHEN. MEIN HERZ SAGT JA
ZU DEINER LIEBE.
AMEN.

B.Z.

GOTT, MEIN VATER, DER MICH VERSORGT

Und beständig wird der Herr dich leiten,
und er wird deine Seele sättigen an Orten der Dürre
und deine Gebeine stärken.
Dann wirst du sein wie ein bewässerter Garten
und wie ein Wasserquell,
dessen Wasser nicht versiegt.

Jesaja 58,11 (Elb)

Gott hat nie beabsichtigt, dass wir in irgendeinem Bereich unseres Lebens in Armut leben. Die Bibel ist gefüllt von Zusagen an dich als seine Königstochter, dass Vater Gott sich um dich kümmert und dich versorgt.

Unabhängig davon, wie du als Mädchen aufgewachsen bist, hast du erlebt, dass deine Eltern dich nicht mit allem versorgen konnten, was du gebraucht hättest an Liebe, Zeit, Zuwendung, Lob oder Aufmerksamkeit.

Wenn du in einem Elternhaus groß geworden bist, in dem du gut versorgt wurdest und deine Eltern sich von Gott versorgt wussten, wirst du vermutlich Zeiten des Mangels in deiner Kindheit nicht so intensiv als Bedrohung erlebt haben.

Dein Mangel kann verschiedene Gesichter haben: Vielleicht mussten sowohl dein Vater als auch deine Mutter arbeiten, damit Lebensmittel im Kühlschrank waren. Vielleicht war die finanzielle Lage deiner Familie und der Mangel manchmal eine große Bedrohung für dich, weil du an Schulveranstaltungen nicht teilnehmen konntest oder kein Geld für stylische Kleidung übrig war. Vielleicht bist du nur bei deiner Mutter oder deinem Vater aufgewachsen und ein Elternteil war nur ab und zu anwesend oder fehlte ganz. Vielleicht hattest du keinen materiellen Mangel, aber einen Mangel an Zuwendung und Zeit von deinen Eltern erlebt. Vielleicht hast du nicht erfahren, dass deine Eltern dich so trösten konnten, dass du dadurch Mut und neue Hoffnung bekommen hast.

Ich selbst bin in einem Elternhaus aufgewachsen, das Gott nicht als einen liebenden Vater kannte, der uns versorgt und bei dem es immer mehr als genug gibt.

Auf dem Weg, mit dem Herzen zu entdecken und zu verstehen, wie Vater Gott ist, hat mir das Buch „Nicht wie bei Räubers"[12] geholfen. Ursula Marc beschreibt, wie Tom, ein kleiner Räuberjunge, von einem König adoptiert wird. Dadurch wird sein ganzes Leben positiv auf den Kopf gestellt. Er lernt, vollkommen neu zu denken, zu fühlen und zu leben.

Kris Vallotton hat sehr gut beschrieben, wie es Tom, dem Räuberjungen, und mir selbst ging: „Arme haben eine Armutsmentalität. Sie haben stets das Gefühl, ihre Ressourcen seien begrenzt. Wenn jemand anderes irgendetwas bekommt, glauben sie, dass dadurch etwas von ihrem Vorrat weggenommen würde, der ihnen gehört. Sie nehmen an, dass der Segen anderer sie immer etwas kosten würde."[13]

Sehr eindrücklich war für mich mein früheres Verhalten an einem Buffet. Natürlich wusste ich, dass es unhöflich ist, sich seinen Teller voll zu stapeln, bis er überläuft, oder am Buffet zu drängeln. Daher stand ich am Buffet an, hatte aber immer die Wahrnehmung, dass ich zu kurz kam – unabhängig davon, an welcher Stelle ich mich in der Buffetschlange befand. Meine Befürchtung war, dass sich entweder die Menschen vor mir das nehmen würden, was ich wollte, oder dass, wenn ich das zweite Mal zum Buffet gehen würde, nicht mehr das da wäre, was ich gerne wollte. Dieses Denken und Fühlen durchzog mein komplettes Leben, auch mein geistliches. Ich hatte die Wahrnehmung, dass für mich oft nicht mehr genug da ist und wenn, dass ich nur noch den Rest bekomme. Das, was keiner mehr wollte.

Durch Vater Gott habe ich eine ganz neue Art zu leben, zu denken und zu fühlen entdecken können. Mit der Zeit habe ich gemerkt, wie diese Armuts-

mentalität Schritt für Schritt aus meinem Leben verschwand.

Erste Veränderungen nahm ich wahr, als ich einige Monate später zu einer Party eingeladen war und an einem Buffet stand. Das erste Mal in meinem Leben dachte ich nicht wie eine Räubertochter! Es war mir vollkommen egal, wie viel oder wenig die Menschen sich vor mir auf ihren Teller legten, ich spürte, für mich ist genug da. Ich muss nicht dafür kämpfen, um meinen Mangel auszufüllen. Ganz entspannt konnte ich das leckere Essen genießen. Selten hat es mir von einem Buffet so gut geschmeckt.

Als Königstochter hält Vater Gott ein Leben in Fülle für mich bereit, in dem er mir mehr als genug gibt.

Gott ist dein Vater, der dich versorgt, weil du seine Königstochter bist.

HERZENSIMPULSE

🕊 Welches Lebensmotto hast du in Bezug auf Versorgung, sei es finanziell oder emotional? Wie heißt dein „Buffetgedanke?"

🕊 Wie erlebst du Situationen, in denen du denkst, du kommst zu kurz oder dass du für dein Recht kämpfen musst?

🕊 Was macht es dir schwer zu denken, dass Gott dir mehr als genug gibt?

Zum Bild: Gottes Hand enthält alles, was wir brauchen, und er schüttet die ganze Fülle über uns aus – mehr als genug.

GOTT, MEIN VATER, DER MICH SCHÜTZT

Denn Gott, der Herr, ist die Sonne,
die uns Licht und Leben gibt, schützend steht er vor uns.
Niemand ist so gut zu uns wie er,
durch ihn gelangen wir zu hohem Ansehen.
Wer ihm rückhaltlos ergeben ist, den lässt er nie zu
kurz kommen.

Psalm 84,12

Das Wort „schützen" kommt aus dem Mittelhochdeutschen und bedeutet, „vor etwas bewahren, hüten oder verteidigen".

Haben deine Eltern dich als kleines Mädchen beschützt? Wurdest du von deinen Eltern bewahrt, behütet und verteidigt?

Wenn du als Mädchen erlebt hast, dass deine Eltern – und besonders dein Vater –, dich beschützt haben, freue ich mich mit dir. Durch den Schutz, den du durch deinen irdischen Vater erfahren hast, konnten in dir Vertrauen und Geborgenheit wachsen. Du konntest erleben, wie es ist, in einer Atmosphäre von Sicherheit und Bewahrtwerden zu leben. Diese Atmosphäre spiegelt wider, wie Vater Gott sich die Beziehung zwischen dir als Königstochter und ihm als deinem liebenden Vater vorstellt.

Wenn du als kleines Mädchen andere Erfahrungen gemacht hast und nicht erlebt hast, dass deine Eltern – und besonders dein Vater – dich behütet, bewahrt und verteidigt haben, ist es verständlich, dass es dir schwerfällt, Gott zu glauben, dass er dies für dich tut.

Ich bin mit dir traurig, wenn deine Eltern dir keinen oder wenig Schutz geben konnten, damit du dich in allen Bereichen deines Lebens sicher und geborgen fühlen konntest.

Es ist möglich, dass du unbeschützt gewesen bist, weil dir deine Eltern nicht geglaubt haben, dass jemand deine Grenzen überschritten hat. Es kann zum Beispiel sein, dass du deinen Eltern erzählt hast, dass du in der Schule gemobbt wurdest und deine Eltern damit überfordert waren, dich in dem Prozess zu unterstützen, dass das Mobbing aufhört.

Vielleicht wurdest du als Mädchen nicht vor körperlicher oder sexueller Gewalt geschützt und kein Erwachsener hat dich davor bewahrt.

[Wenn beim Lesen des Buches Erinnerungen in dir hochkommen, in denen du erlebt hast, das du missbraucht wurdest, möchte ich dir Mut machen, dir professionelle Hilfe zu suchen. Wenn dieser Schritt für dich zu groß scheint, mache ich dir Mut, zu überlegen, wem du so tief vertraust, dass du mit dieser Person über dein Erleben sprechen möchtest. Es gibt einen Weg, dass deine grausamen und schmerzhaften Erfahrungen nicht länger dein Leben prägen, sondern dass du Heilung erfährst. Orte für Hilfe findest du auf Seite 238.]

Wenn deine Eltern dich in deiner Kindheit nicht beschützt haben, hast du gelernt, dass du dich selbst schützen musst, um zu überleben. Sei es emotional oder körperlich. Du hast gelernt, nur dir zu vertrauen. Möglicherweise geht es dir so, dass du denkst, es ist ein guter Plan, dich sogar vor Gott zu schützen.

Auch wenn deine bisher erlebte Wahrheit dem nicht entspricht – Gott ist ein Vater, der dich bewahrt und behütet. Er beschützt dich vor allem, was dich bedroht und dir Leben raubt. Er möchte deine Verletzungen heilen, die du erlebt hast, als dich niemand geschützt hat. Er sieht deine Angst, die dadurch entstanden ist, und will dir neues Vertrauen und Sicherheit geben.

Gott ist dein Vater, der dich beschützt, weil du seine Königstochter bist.

HERZENSIMPULSE

🕊 Kannst du Vater Gott vertrauen, dass er dich beschützt?

🕊 Wenn du Gott als Vater nicht vertrauen kannst, kennst du die Ursache hierfür?

🕊 Danke Gott, wofür du in deiner Kindheit durch deine Eltern, Großeltern, Verwandte oder Freunde Bewahrung und Schutz erlebt hast. Schreibe diese Erlebnisse konkret auf.

Heute tut's wieder mal richtig weh egal,
ob ich fortrenne oder steh,
der Schmerz bleibt so oder so bei mir,
verdirbt mir alles im Jetzt und Hier.

So viele Bilder in meinem Kopf,
ich werd ihn nicht los, den alten Zopf.
Gezeichnet von Scham mit Angst und Wut
und keinem, der etwas dagegen tut.

Also versuch ich, mich selbst zu schützen,
umschiffe die riesigen Sorgen-Pfützen.
Doch irgendwie raubt mir das viel zu viel Kraft
und nimmt meine Freude täglich in Haft.

Ich frag mich, wie das die anderen machen,
die trotz viel Erlebtem immer noch lachen.
Ich merke, wie in mir der Neid hochsteigt
und meine hässlichste Fratze zeigt.

Doch plötzlich trifft mich ganz warmes Licht
und streichelt mir zärtlich übers Gesicht.
Ich spüre, wie ich mich langsam entkrampfe,
die erste Schicht bröckelt, nach langem Kampfe.

Ich hör deine Wahrheit und wie sie mich lockt,
während in mir ein kleines Kind noch bockt.
Doch du rufst mich freundlich und lädst mich ein,
nicht mehr länger Waise zu sein.

Du sagst, ich sei zwar schon wirklich groß
und doch sei da Platz auf deinem Schoß.
Ich frag mich, ob ich dem glauben kann,
entscheid mich dafür, geh schleichend voran.

Du kommst mir entgegen und tröstest mich sacht
und ich bin erstaunt, was das mit mir macht.
Aus mir heraus strömt leises Gekicher.
Denn ich weiß genau: Hier bin ich sicher.

S.B.

GOTT, MEIN VATER, DER MICH TRÖSTET

Ich will euch trösten wie eine Mutter ihr Kind.
Die neue Pracht Jerusalems lässt euch den Kummer

vergessen.

Jesaja 66,13

Trost und Hoffnung kannst du in diesem Vers finden, wenn du selbst als kleines Mädchen und Teenie eine Mutter hattest, die dich getröstet hat. Wenn du eine Beziehung zu deiner Mutter hattest, die frei gewesen ist von Manipulation, Kontrolle und Coabhängigkeit[14].

[Wenn für dich die Beziehung zu deiner Mutter herausfordernd gewesen ist, kann es heilsam sein, dir zu überlegen, ob du zuerst die Reise-Etappe „Meine Mutter" lesen möchtest, um dir deine Beziehung zu deiner Mutter zusammen mit Jesus anzuschauen.]

Trost meint, es gibt jemanden, der mich ohne Einschränkung, ohne Wenn und Aber, versteht. Es gibt jemanden, der mich in meiner Traurigkeit und meinem Schmerz ernst nimmt. Das Wort „Trost" hängt vom Wortursprung her mit dem indogermanischen Wortstamm „treu" zusammen. Es bedeutet Festigkeit, seelischer Halt und Zuversicht im Leid. Das griechische Wort für Trost beinhaltet die Wortbedeutung Ermutigung.

Gott als dein himmlischer Vater kennt und versteht dich. Er kennt jeden Schritt, den du tust (Psalm 139,5). Er sieht dein Herz und versteht jeden deiner Gedanken. Er hat nur Gedanken des Friedens über dich (Jeremia 29,11). Er möchte dir nahe sein und Leben mit dir teilen (Ps 34,18). Sowohl im Alten als auch im Neuen Testament lesen wir, dass wir nicht immer auf rosa Wolken, wie Prinzessin Lillifee, leben werden (Psalm 23, 4; Römer 8,28).
Wir besitzen keinen Zauberstab, mit dessen Hilfe sich alle schmerzhaften und traurigen Situationen in Nichts auflösen. Selbst wenn wir einen solchen

---

[14] Der Begriff der Coabhängigkeit wird auf Seite 62 näher erklärt.

Stab besäßen, wären damit noch lange nicht der Schmerz und die Trauer verschwunden oder geheilt.

Was wir jedoch als eine Königstochter besitzen, sind die Zusagen Gottes, dass er uns tröstet. „Und ich will den Vater bitten und er wird euch einen anderen Tröster geben, dass er bei euch sei in Ewigkeit: den Geist der Wahrheit ...“ (Johannes 14,16). Gepriesen sei der Gott und Vater unseres Herrn Jesus Christus, der Vater der Erbarmungen und Gott allen Trostes, der uns tröstet in all unserer Bedrängnis, damit wir die trösten können, die in allerlei Bedrängnis sind, durch den Trost, mit dem wir selbst von Gott getröstet werden (Elb 2. Korinther 1,34).

Vielleicht liest du diese Zeilen und denkst: „Das wäre zu schön, um wahr zu sein. Ich erlebe Gott nicht als einen Gott, der mich tröstet, der meine Situation ernst nimmt.“
Es kann sein, dass dein Erleben damit zusammenhängt, wie du selbst in deiner Kindheit getröstet wurdest. Möglicherweise waren deine Eltern nicht da, als du ihren Trost so dringend gebraucht hättest. Ihre Abwesenheit kann verschiedene Gründe gehabt haben. Es kann sein, dass deine Eltern nicht da gewesen sind, weil sie beide arbeiten mussten. Sie können jedoch auch da gewesen sein und gleichzeitig emotional nicht anwesend, weil sie selbst wenig Trost in ihrer Kindheit erlebt haben.

Vater Gott hält für dich ein Leben als Königstochter bereit, indem er zurückerstattet, was du in deiner Kindheit vermisst hast. Er heilt deinen Schmerz. Er gibt dir Zuversicht in deinem Leid und seelischen Halt.

Gott ist dein Vater, der dich tröstet, weil du seine Königstochter bist.

HERZENSIMPULSE

🕊️ Wurden deine Tränen als Kind gesehen? Welche Bedeutung hatte „Weinen" in deiner Familie?

🕊️ Was ist passiert, wenn du als kleines Mädchen mit deinen Sorgen und Nöten zu deinen Eltern gegangen bist und ihnen diese erzählt hast?

🕊️ Wie wurdest du als kleines Mädchen getröstet?

GOTT, MEIN VATER, DER STOLZ AUF MICH IST

Der Herr, euer Gott, ist in eurer Mitte;
er ist stark und hilft euch!
Von ganzem Herzen freut er sich über euch.
Weil er euch liebt, redet er nicht länger über eure Schuld.
Ja, er jubelt, wenn er an euch denkt!

Zephanja 3,17

Der Stolz ist die Freude, die der Gewissheit entspringt, dass man entweder selbst oder jemand anderes etwas Besonderes, Anerkennenswertes oder Zukunftsträchtiges erreicht hat[15]. Vater Gott schaut dich an und freut sich über dich. Er sieht dich und das, was war, was ist und was sein wird in deinem Leben. Die Freude über dich ist riesengroß.

Hast du dir einmal konkret vorgestellt, was dieser Vers bedeutet?

Wenn Vater Gott an dich denkt, ist seine Reaktion Jubel. Von der Wortbedeutung her heißt „jubeln" seiner Freude über etwas laut, stürmisch Ausdruck geben. Das bedeutet, Gott ist nicht im Himmel und denkt leise vor sich hin: „Oh meine Königstochter [dein Name] ist einfach fantastisch. Wie toll, dass es sie gibt."
Du bist Gott nicht peinlich oder unangenehm. Du bist Gott so wichtig, dass er seine Freude und Begeisterung allen mitteilen möchte.

Wie könnte „sein lautes Mitteilen" aussehen?

Stelle dir folgende Situation vor: Du bist auf einem Open-Air-Konzert. Während des Konzertes wird die Lautstärke voll aufgedreht. Die Musik ist nun so laut, dass die Bässe deine Kleidung vibrieren lassen.

Wenn du noch nie auf einem Open-Air-Konzert gewesen bist, kennst du unter Umständen folgende Situation: Du bist in einem großen Kaufhaus und durch die Lautsprecher ertönt laut eine Mitteilung. Jeder – auch du – hält in seinem Einkaufen inne und lauscht der Information.

Beides sind Situationen, in denen Lautstärke ein Erleben hervorruft. Ich kann dir nicht sagen, welche beschriebene Situation aus der Sicht Gottes das Wort „laut" zutreffender verdeutlicht. Entscheide selbst. Unabhängig von der Konzert- oder Kaufhaussituation: Laut bedeutet, dass eine Nachricht gut hörbar ist und nicht ignoriert werden kann.

Vater Gott jubelt im Himmel über dich. Er ist dabei so laut, dass im Himmel jeder die freudige Information Gottes mitbekommt.

Vater Gott ruft laut: „Das ist MEINE Königstochter. [Dein Name] ist MEIN Königskind. Ich freue mich so sehr über sie. Sie ist einzigartig, kostbar und wertvoll.
Ich bin so froh, dass es [dein Name] gibt. Sie spiegelt meine Schönheit in so einer großen Würde wider. Ich habe viele Schätze in sie hineingelegt. Ich kann es kaum erwarten, dass sie diese alle entdeckt. MEIN Königskind, [dein Name], ist einmalig. Ich bin unendlich stolz auf sie. Ich liebe [dein Name]. Es gibt nichts Schöneres für mich, als mit ihr Zeit zu verbringen. Kennt ihr [dein Name] schon alle? Wie wunderbar, dass die Welt mich durch MEINE Königstochter [dein Name] sehen wird. Alle Welt soll es hören: Ich bin ihr Vater, ich habe sie erschaffen. Sie ist MEIN Kind."

Gott ist dein Vater, der stolz auf dich ist, weil du seine Königstochter bist.

HERZENSIMPULSE

🦋 Kannst du dir vorstellen, dass Gott, dein Vater, im Himmel über dich jubelt? Warum jubelt Gott über dich? Was bedeutet für dich, „Gott ist stolz auf mich"?

🦋 Lies den Text auf Seite 49 „Vater Gott ruft laut ..." laut, dir selbst, vor.

Mein Papa im Himmel ist unglaublich stolz auf mich!
Genauso ist er unglaublich stolz auf dich!
Er ist bei uns, egal wo wir sind,
er liebt uns, egal was wir tun,
denn du und ich, wir sind sein Königskind!

J.V.

REISEABSCHNITT

„... SO LIEBEN
WIE DICH SELBST"

MEIN URSPRUNG

Schon als ich im Verborgenen Gestalt annahm,
unsichtbar noch, kunstvoll gebildet im Leib meiner
Mutter, da war ich dir dennoch nicht verborgen.
Als ich gerade erst entstand, hast du mich schon gesehen.
Psalm 139,15—16

Wie kommt David dazu, die obigen Verse zu dichten, zu sagen, zu singen, zu beten, dass Gott ihn kunstvoll gebildet hat? Hat David ein Leben gelebt, das ohne Herausforderungen und innere Verletzungen verlaufen ist?
Das Gegenteil ist der Fall. Davids Leben war geprägt von Herausforderungen und inneren Verletzungen. Er wird als kleiner Junge zuerst nicht ernst genommen, als er meint, er kann Goliath besiegen. Die Beziehung zu seinem ältesten Bruder Elisab scheint nicht die beste gewesen zu sein. Denn Elisab sagte zu ihm: „Was hast du überhaupt hier zu suchen?" [...]. „Und wer hütet jetzt die paar Schafe und Ziegen in der Steppe? Ich weiß doch genau, wie hochnäsig und eingebildet du bist! Du bist nur zu uns gekommen, um dir eine Schlacht anzusehen." (1. Samuel 27,28). Auch in anderen Bibelübersetzungen liest sich die Stelle nicht besser. Die Sätze bekommt David nicht im stillen Kämmerchen zu hören, sondern vor allen Soldaten. Doch die abwertenden und verletzenden Worte seines Bruders lassen David nicht verstummen. Er bleibt hartnäckig. König Saul nimmt David ernst und schlägt ihm zuerst vor, seine Rüstung anzuziehen, um nicht ungeschützt in den Kampf zu ziehen. Diese ist viel zu groß. Die Kommentare von Davids Bruder und den übrigen Soldaten werden in der Bibel nicht erwähnt. Doch da nirgends zu lesen ist, dass Elisab seine Haltung gegenüber David änderte, werden sie nicht positiv gewesen sein. Der Rest des Geschehens ist Geschichte.

Auf die Ausgangsfrage zurückkommend, was bewegte David als König, die Verse in Psalm 139 zu schreiben?

David hatte einen Schlüssel erkannt. Er sah sich so, wie Vater Gott ihn geschaffen hatte, und nicht durch die Erlebnisse, die er in seiner Kindheit und Jugend erlebt hatte.

Er durchlief einen Prozess, den Paulus im Neuen Testament so beschreibt: „Brüder, ich denke von mir selbst nicht, es ergriffen zu haben; eines aber tue ich: Ich vergesse, was dahinten, strecke mich aber aus nach dem, was vorn ist, und jage auf das Ziel zu, hin zu dem Kampfpreis der Berufung Gottes nach oben in Christus Jesus." (Elb Philipper 3, 13–14).

Paulus und David haben vergessen, was sie geprägt hat. Von der Wortbedeutung her meint „vergessen" den Verlust von Erinnerung[16].
Wichtig ist, sich bewusst zu machen, dass Vergessen und Verdrängen in keiner Weise miteinander zu tun haben.
Verdrängte schmerzhafte Erlebnisse, negative Emotionen sowie Verletzungen sind nicht vergessen und erledigt. Sie sind lediglich dem Zugriff unseres Bewusstseins, unseres Erinnerns entzogen. Dort arbeiten sie im „Untergrund" weiter und können unter Umständen Ängste, Verhaltensstörungen, Blockaden und depressive Zustände auslösen.

Es kann sein, dass wir zum Beispiel die abweisende Haltung der Eltern, eine verlorene Liebe, eine verpasste Gelegenheit, eine bittere Kränkung, ein erlittenes Unrecht, die aufgestaute Wut verdrängt haben, weil der Schmerz zu groß erscheint. Man denkt, es sei besser, diese wegzupacken, zu verstauen und einfach nicht mehr dran zu denken. Doch das Sprichwort „aus den Augen aus dem Sinn" gaukelt uns eine Wahrheit vor, die nicht existiert.

Konkret auf den Bibelvers von Paulus bezogen bedeutet dies, um zu vergessen, was hinter mir liegt, brauche ich eine Phase des Erinnerns. Sich zu erinnern bedeutet, sich mit der Vergangenheit auseinandergesetzt zu haben. Dieser Prozess kann bei jedem unterschiedlich lange dauern.

Habe Mut als Königstochter, dich auf eine Reise des Erinnerns und auf eine Reise zu deinem Ursprung zu begeben, damit du vergessen kannst. Du reist in Begleitung, denn dein himmlischer Vater ist bei dir.

HERZENSIMPULSE

🦋 An welche Erlebnisse aus deiner Kindheit erinnerst du dich gern? Welche Erinnerungen möchtest du gerne vergessen?

🦋 Mit welchen Erinnerungen und Erlebnissen möchtest du dich noch einmal im „Gebet des Herzens" auseinandersetzen?

🦋 Welche Kindheitserlebnisse haben dich geprägt und sind zu deiner Identität geworden?

Du siehst mich, wie ich wirklich bin,
mit all dem Chaos in mir drin.
Hilf mir, meinen Blick zu wenden,
Frieden zu spüren in deinen Händen!

Komm, wir betrachten neu all die Bilder,
überprüfen auch ihre heimlichen Schilder.
Ich zeig' dir selbst die dunklen Orte,
die verdrängten, verpackten, schmerzenden Worte.

Und du zeigst mir, wo du damals warst,
als mein Herz oft grausam zerbarst.
Vielleicht kann ich dann ganz langsam beginnen,
in meinem Kern, ganz tief in mir drinnen,
deinen Worten Glauben zu schenken,
und muss nicht immerzu alles zerdenken.

Zusammen legen wir Boxen an
begreifen, sortieren, besprechen dann
was bleiben darf, was fortgehen soll,
was Freude schenkt und was nur Groll.

Das alles tut weh und ist doch so wichtig,
deine Augen sagen „Du bist richtig!"
Ich überwinde mich und laufe los,
und finde die Ruhe in deinem Schoß.

Der Schmerz ist nicht ganz plötzlich weg
und manchmal verschluck' ich mich noch an dem Dreck,
doch die Richtung, die steht fest,
du baust für mich ein sicheres Nest.

S.B.

MEIN VATER

Er machte sich auf den Weg und ging zurück zu seinem Vater. Der erkannte ihn schon von Weitem. Voller Mitleid lief er ihm entgegen, fiel ihm um den Hals und küsste ihn.

Lukas 15,20

Im Lukasevangelium lesen wir ein herausforderndes Gleichnis: Ein Sohn verlangt von seinem Vater bereits zu Lebzeiten sein Erbe. Wohlgemerkt, nicht der Vater überlegt sich, ob er seinem Kind bereits zu seinen Lebzeiten, zum Beispiel aus steuerrechtlichen Gründen, sein Erbe auszahlt, sondern das Kind geht zu seinem Vater und fordert es. Auch in der heutigen Zeit hält man bei einem solch geschilderten Szenario die Luft an.

Das gesamte Gleichnis des liebenden Vaters beschreibt eine Beziehung zwischen einem Vater und seinen Kindern, in welcher der Vater keine Bedingungen an seine Kinder stellt, sondern sie um ihrer selbst willen liebt.

Seine Liebe wird nicht vergrößert oder verringert durch die Handlungen seiner Kinder. Vieles in dem Gleichnis finden wir zwischen den Zeilen. Obwohl dies nicht explizit im Gleichnis erwähnt wird, hat der Sohn, der das Erbe fordert, in seiner Kindheit und Jugend erlebt, dass er seinem Vater vertrauen kann und keine Furcht vor ihm haben braucht. Er weiß, dass sein Vater sich um seine Emotionen kümmert und sich selbst kontrollieren kann, wenn er wütend ist.

Die beiden Söhne sind nie Opfer seines Zornes und seiner Wut geworden.

Das Erziehungskonzept des liebenden Vaters beruhte nicht auf Einschüchterung und Kontrolle, sonst wäre sein Sohn nie auf die Idee gekommen, seine Forderung nach dem Erbe zu stellen, und sein zweiter Sohn hätte nie gewagt, das Handeln seines Vaters zu hinterfragen.

Der Vater gab seinen Söhnen die Möglichkeit, Entscheidungen zu treffen, unabhängig davon, ob diese ihm gefielen und ob diese Leben bringend gewesen sind. Die Söhne wuchsen in einer Atmosphäre von Liebe auf (Lukas 15,28ff.).

Wir lesen nicht etwas direkt über die Gefühle und Gedanken des liebenden Vaters, die er am Anfang des Gleichnisses besaß. Wir wissen nicht, wie er sich dabei fühlte, als er sein Vermögen unter seinen Söhnen aufteilte (Lukas 15,12). Was wir jedoch wissen ist, dass dieser Vater mit seinen Söhnen eine Beziehung führte, in der er unentwegt Wahlmöglichkeiten anbot und sie in ihrer Wahl ernst nahm. Er empfand die Fehler und das Versagen seiner Söhne nicht als Angriff auf sein Vatersein. Der Vater gab trotz seiner möglichen Enttäuschung und seinem möglichen Ärger nicht seine Selbstkontrolle auf. Die Fehler seiner Söhne hielten ihn nicht davon ab, mit ihnen liebe- und respektvoll umzugehen (Lukas 15, 31–32).

Der Sohn, der das Erbe gefordert hatte, hatte in seiner Kindheit gelernt, Verantwortung für sein Handeln und seine Entscheidungen zu übernehmen. Daher wusste er, dass es keine Lösung gewesen wäre, zu seinem Vater zu gehen und ihm vorzuwerfen: „Weil du mir meine Freiheit gegeben hast, habe ich mein gesamtes Geld ausgegeben. Wenn du mir meine Bitte nicht gewährt hättest, besäße ich noch das gesamte Geld." So unreif und unweise seine Wahl gewesen ist, sein Erbe zu Lebzeiten seines Vaters einzufordern, so reif und mündig war seine Entscheidung, wieder zu seinem Vater zurückzugehen. Er entschied sich, Verantwortung für sein Handeln zu übernehmen und seinem Vater anzubieten, als Tagelöhner bei ihm zu arbeiten. Er wusste nicht, wie die Entscheidung seines Vaters aussehen würde. Doch er wusste, dass Liebesentzug ihm gegenüber für seinen Vater keine Option wäre.

Unser leiblicher Vater ist die erste prägende Person in unserem Leben in Bezug darauf, wie wir uns Gott als Vater vorstellen.

HERZENSIMPULSE

🕊 Wie hat dein Vater dich geprägt? Welche Werte hat er dir auf deinem Lebensweg mitgegeben? Was hat ihn für dich besonders gemacht?

🕊 Wie gut oder schlecht konnte dein Vater mit deinen Entscheidungen umgehen? Hat er sie respektiert? Konntest du zurückkommen, wenn du ungute Wege gegangen bist? Musstest du „die Suppe selbst auslöffeln"?

🕊 Wie hast du deinen Vater erlebt, wenn er wütend und ärgerlich war?

🕊 Wie hat dein Vater seine Vaterrolle ausgelebt? War er dominant? Hat er als „Herrscher" in der Familie regiert?

🕊 Wie hat er dir seine Liebe gezeigt?

Ich darf direkt mit
meinem Vater im
Himmel kommunizieren
und nichts kann mich
von seiner Liebe
trennen.

Z.V.

MEINE MUTTER

Ich bin zur Ruhe gekommen, mein Herz ist zufrieden und still. Wie ein kleines Kind in den Armen seiner Mutter, so ruhig und geborgen bin ich bei dir!

Psalm 131,2

Die unmittelbarste Prägung deiner Identität, die du erfährst, erlebst du durch deine Mutter. Du hast die ersten Monate deines Lebens in einer untrennbaren Symbiose mit ihr gelebt. Nicht nur die körperliche Verbindung zu deiner Mutter existierte durch die Nabelschnur, sondern du hast ihre Gedanken und ihre Gefühle direkt mitbekommen. Die ersten Monate nach der Geburt hast du, entwicklungspsychologisch gesehen, noch in dieser Symbiose gelebt.
In dieser einzigartigen symbiotischen Beziehung zwischen dir und deiner Mutter hatte sie die Hauptverantwortung für dich.

Der Film „Barfuss" erzählt eine bewegende Geschichte: Leila wurde von ihrer verstorbenen Mutter, solange diese lebte, zuhause eingesperrt. Sie untersagte Leila jeglichen Kontakt mit Menschen. Leila kennt keine Freiheit. Sie ist selbst als junge Frau noch äußerst naiv und geistig ein Kind. Leila trifft auf Nick. Nick, der bei weitem kein behütetes Leben lebt, verliebt sich in Leila. Er erklärt ihr, wie das Leben „funktioniert", und unterstützt sie darin, eigenständige Entscheidungen zu treffen. Mit Nicks Hilfe lernt Leila, in Freiheit zu leben.

Auf den ersten Blick scheint es, als könne ein derartiges Leben ausschließlich in einem Film stattfinden.

Doch es existiert noch eine weitere Art des Einsperrens als die, welche im Film zu sehen ist. Es gibt ein emotionales Einsperren, das die Psychologie Coabhängigkeit oder Codependenz nennt. Der Begriff der Codependenz bezeichnet das Verhalten einer Person, die sie sich, ganz allgemein gesprochen, von einem Menschen abhängig macht.

Wenn das Selbstwertgefühl und die Identität einer Mutter von ihrem Kind abhängen, wird sie nur ungern die enge Symbiose zwischen sich und ihrem Kind lösen oder bereit sein, diese aufzugeben. So kann sich die einzigartige Beziehung zwischen einer Mutter und ihrer Tochter in ein Gefängnis umkehren und die Identität einer Königstochter, die Gott bereits im Mutterleib in ein Mädchen hineinlegt, oftmals nicht entfalten.

Vielleicht hast du in deiner Kindheit von deiner Mutter regelmäßig – wie eine Art Medizin – den Satz gehört: „Du bist mein Sonnenschein in meinem Leben." Auf den ersten Blick scheint dieser Satz ein schönes Kompliment zu sein. Doch was deine Mutter damit eigentlich gemeint haben könnte: „In meinem Leben gibt es viel Dunkelheit. Ich selbst habe für mich keine Lösung gefunden, damit Licht in mein Leben kommt. Du, meine Tochter, bist dafür verantwortlich, dass es mir emotional gut geht und ich mich wohlfühle."
Ein anderer Satz, den deine Mutter möglicherweise zu dir gesagt hat, ist: „Ich bin so froh, dass es dich gibt, du bist meine beste Freundin. Ich brauche nur dich als Freundin. Mit dir kann ich über alles sprechen, was mich bewegt."

Allerdings ist es nicht die Aufgabe einer Tochter, Verantwortung für das Leben ihrer Mutter zu übernehmen und sie emotional zu versorgen.
Gottes Plan für dein Leben ist, dass du dein ganzes Leben lang Tochter für deine Mutter bist. Töchter sind niemals für ihre Mütter geistlich oder emotional verantwortlich. Du brauchst für sie nicht die Vertraute zu sein, mit der sie die Probleme und Herausforderungen ihres Lebens bespricht.

Deine körperliche Nabelschnur wurde zwischen dir und deiner Mutter bei deiner Geburt getrennt. Die Nabelschnur ist ein gutes Bild, um zu veranschaulichen, dass eine enge Verbindung zwischen Mutter und Kind besteht.
Als erwachsene Frau kannst du – auch ohne körperliche Nabelschnur – noch in einer ungesunden und engen Symbiose mit deiner Mutter leben – im emotionalen und geistlichen Bereich.

In Psalm 131 wird eine gesunde Beziehung zwischen einem Kind und seiner Mutter beschrieben. Ein Kind findet bei seiner Mutter Schutz, Sicherheit, Ruhe und Geborgenheit. Das führt dazu, dass ein Kind entspannen, in sich selbst ruhen und Ruhe finden kann. Wenn du jedoch für deine Mutter für Schutz, Sicherheit, Ruhe und Geborgenheit sorgen musst, ist ein „zur Ruhe kommen" für dich kaum möglich.

Vater Gott möchte dich nähren und deine Emotionen stillen. So kannst du in deiner Reise als Königstochter ein Stück tiefer in die Identität hineinkommen, die Vater Gott für dich bereithält.

Die Beziehung zwischen einer Mutter und ihrer Tochter ist von Gott dafür vorgesehen, die Identität einer Königstochter bereits im Mutterleib in ein Mädchen hineinzulegen.

HERZENSIMPULSE

🕊 Wofür bist du deiner Mutter dankbar? Wie hat sie dich ins Leben begleitet?

🕊 Existiert zwischen dir und deiner Mutter eine Art emotionale oder geistliche Nabelschnur? Du kannst im Gebet emotional und geistlich die Nabelschnur zu deiner Mutter durchtrennen.

🕊 Wie sieht für dich konkret aus, dass Gott dich nährt mit allem, was du brauchst, und deine Bedürfnisse stillt?

"Dann hättest du keine Mutter mehr, dann wärst du Halbwaise!"

Dieser Satz eines befreundeten Familientherapeuten irritierte mich anfangs, aber dann verstand ich ihn auch entlastend.

Es schmerzte mich, wenn Freundinnen von ihren Müttern als die "beste Freundin" redeten und von gemeinsamen Shoppingtouren, Wochenendreisen und intensiven Frauengesprächen berichteten. Aufgrund ihrer eigenen Biographie konnte meine Mutter wenig Beziehung zu mir leben. Wir hatten ein gutes, fürsorgliches Miteinander, aber für Fragen und Probleme ums Frausein, Erwachsenwerden und -sein, konnte sie nicht Vertraute sein.

Ich verstand: Mütter können und sollten nicht die "beste Freundin" sein, denn damit geben sie ihre Bestimmung ab. Gott hat eine gute Reihenfolge der Generationen festgelegt: Mutter, Tochter. Damit hat er auch die Aufgaben festgelegt: Mutter zu sein und Tochter zu sein.

Und diese Reihenfolge bleibt, unabhängig vom Alter beider Frauen. Es tat mir gut, dass ich "nur" Tochter sein kann, was bedeutet, eine wertschätzende, respektvolle und dankbare Beziehung zu führen, nicht mehr und nicht weniger. Das hiess für mich als erwachsene Tochter, dass ich die Lebensaufgaben meiner Mutter nicht lösen muss (und kann). Als meine Mutter zunehmend pflegebedürftig wurde, vertauschten sich die Aufgaben etwas: Soweit ich konnte, sorgte ich für sie, aber ich blieb immer die Tochter. Als sie dann starb, trauerte ich als Tochter.

A.H.

MEINE FAMILIE UND MEINE VERWANDTEN

*Sei mutig und stark. Denn du wirst das Land
einnehmen, das ich euren Vorfahren versprochen habe,
und wirst es den Israeliten geben.*

Josua 1,6

Kennst du die Geschichte deiner Familie? Gibt es Dinge, die Gott deiner Familie, deinen Vorfahren zugesagt hat und die bisher noch nie in deiner Familie oder in deinem Leben sichtbar wurden? Gibt es ein geistliches Erbe deiner Eltern oder deiner Vorfahren, das darauf wartet, dass du es entdeckst und einnimmst?

Mein Mann liebt Geschichte über alles. Ihn fasziniert Geschichte. Durch ihn wird Geschichte lebendig. Seine große Leidenschaft ist Familiengeschichte, Genealogie. Lange Jahre habe ich sein Hobby nicht gemocht.
Ich hatte dafür äußerst gute Gründe, meinte ich. Meine Gedanken gingen – überspitzt formuliert – in folgende Richtung: Er beschäftigt sich mit dem Tod, mit Vergangenem, mit Altem. Er soll seine Zeit besser für das Leben „im Hier und Jetzt" nutzen. Nicht immer behielt ich diese Gedanken für mich. Ich verstand nicht, warum er so viel seiner Freizeit hierfür investierte und was es ihm bedeutete.
Genauso wenig begriff ich, warum es in der Bibel diese schier endlosen Kapitel über Vorfahren gibt mit Namen, bei denen ich meine Zunge verknotete, wenn ich versuchte sie auszusprechen.

Als ich eines Tages wieder innerlich mit dem Hobby meines Mannes haderte, kam mir der Gedanke, dass ich noch nie Gott gefragt hatte, wie er dies sehe. Sofort wischte ich den Impuls beiseite. Das brauchte ich doch gar nicht, denn Gott liebt das Leben und nicht den Tod. Doch Gott ließ mich nicht mehr los. Ich begann zu ahnen, dass er darüber anderer Ansicht war als ich. Ich erinnerte mich an den Vers aus Maleachi 3,22: „Er wird das Herz der Väter wieder zu den Söhnen und das Herz der Söhne zu den Vätern umkehren."

Sofort verstand ich, was Gott mir damit sagen wollte: „Tanja, meine geliebte Tochter. Magst du meine Sicht in Bezug auf Familie und Vorfahren kennenlernen?"

Als Kind hatte ich mir oft gewünscht, in eine andere Familie geboren worden zu sein. Mir gefiel meine Familie, meine Verwandtschaft und unsere Familiengeschichte nicht. Aber meine Familie ist meine Familie und Teil meiner Lebensgeschichte. Vor Jahren hatte ich einmal ein prophetisches Wort erhalten, dass ich Schätze bei meinen Vorfahren entdecken würde. Ob ich wollte oder nicht, das Thema begleitete mich.

[Wenn Prophetie für dich fremd ist, kannst du in der Reise-Etappe „Das Gold im anderen" mehr dazu lesen.]

Als mein Mann eines Tages wieder ganz begeistert von einer Entdeckung im Stammbaum erzählte, betete ich: „Vater Gott, zeige du mir, wie du meine Herkunftsfamilie siehst. Wenn es wirklich diesen Schatz gibt, den ich noch nicht kenne und der für mich bereitsteht, dann möchte ich das geistliche Erbe meiner Familie erhalten. Ich weiß, du hältst nur Gutes für mich bereit."

Seit diesem Tag bin ich auf einer Reise unterwegs, die noch lange nicht beendet ist, sondern bei der ich erst am Anfang stehe. Es ist die Reise einer Königstochter, die beginnt, die Schätze ihrer Familie, ihrer Verwandten und ihrer Vorfahren zu entdecken.

Dazu gehört zum Beispiel, dass wir unserem Sohn diese Schätze zeigen. Wir haben mit ihm darüber gesprochen, dass es nicht nur ein materielles Erbe gibt. Er liebt Sport und betreibt mehrere Sportarten. Als ich über das kostbare Erbe meiner Vorfahren nachdachte, wurde mir bewusst, dass unser Sohn mit seiner sportlichen Leidenschaft ein Erbe seines Großvaters, meines Vaters, antritt. Mein Vater war ein erfolgreicher Leichtathlet und Handballer.

Es gab eine Zeit im Leben meiner Mutter, da kochte sie mit großer Liebe und Leidenschaft. Selbstgemachte Pommes frites, Mayonnaise, Eierlikör, Marmeladen und Hefezöpfe waren in den 50er und 60er Jahren ihre große

Leidenschaft. In mir und in unserem Sohn sehe ich diese Liebe zum Kochen. Wenn ich heute sehe, wie die Köpfe von unserem Sohn und meinem Mann tief gebeugt über einem der Stammbäume unserer Familie hängen, die teilweise bis in die Mitte des 15. Jahrhunderts zurückreichen, bin ich von großer Freude erfüllt.

Du als Königstochter besitzt Schätze in deiner Familiengeschichte. Vater Gott freut sich darüber, wenn du sie zu heben beginnst und diese lebendig hältst.

HERZENSIMPULSE

🕊 Welche Schätze hat Gott in deine Herkunftsfamilie gelegt? Was macht deine Herkunftsfamilie besonders? Was macht dich stolz? Was würdest du gerne verheimlichen oder worüber wurde in deiner Familie nicht geredet?

🕊 Entdeckst du Gemeinsamkeiten, Leidenschaften zwischen dir und deinen Großeltern? Oder zwischen deinen Eltern und deinen Kindern?

🕊 Welches Erbe möchtest du weitergeben?

Der Berg steht für Dinge aus der Vergangenheit. Die kleine Pflanze hat das Potenzial zu einem großen Baum zu werden, weil ihre Wurzeln sehr tief sind und Gottes Herrlichkeit über ihr aufstrahlt.

MEINE FAMILIENSYSTEME

Höre, Königstochter, und nimm dir zu Herzen, was ich sage! Vergiss dein Volk und deine Verwandten! Du bist wunderschön und der König begehrt dich! Verneige dich vor ihm, denn er ist dein Herr und Gebieter!

Psalm 45,11–12

Wir alle sind in eine Familie hineingeboren. In dieser Herkunftsfamilie erleben und erlernen wir Verhaltens- und Denkweisen. Manche davon beeinflussen uns positiv und andere wiederum negativ. Während positive Prägungen für uns ein Segen sein können, rauben uns negative Leben. Oft können solche negative Prägungen von Generation zu Generation weitergereicht und „vererbt" werden.

Als Kleinkind und Kind sind wir emotional und psychisch vollkommen abhängig von unserer familiären Umwelt. Hier entwickeln wir Strategien bzw. Systeme, die uns unser eigenes Überleben sichern, doch nicht immer sind diese Strategien hilfreich.

Unabhängig davon, wie gut, „normal" oder zerrüttet unser Elternhaus war – das, was wir dort in den ersten Jahren erfahren haben, setzte sich in uns als Wahrheit fest. Was wir zum Beispiel unter Liebe verstehen, wie wir diese wahrnehmen, wie wir miteinander umgehen oder wie wir Konflikte klären, steht im Zusammenhang mit dem Erlebten in unserer Kindheit.

Ein häufiges Familiensystem[17] ist der Umgang mit dem Thema „Wie wir Konflikte lösen". In vielen Familien gilt das unausgesprochene Gesetz „Die Zeit heile alle Wunden". Es gibt kaum eine größere Lüge als diesen Satz. Warum hat dieses Sprichwort noch immer Bestand? Warum wird es als Lebensweis-

---

[17] Der hier verwendete Begriff „Familiensystem" ist nicht identisch mit dem der Psychologie.

heit von einer Generation an die nächste weitergegeben?

Viele unserer Eltern und Großeltern wussten nicht, wie sie mit den traumatischen Erlebnissen aus dem 2. Weltkrieg umgehen sollten, die sie als Kinder erlebt haben. Sie waren froh, überlebt zu haben.
Die Nachkriegskinder wurden in Familien hineingeboren, auf denen traumatische Kriegserlebnisse, Erfahrungen von Gefangenschaft, Vertreibung und Schuld lasteten. Zu unaussprechlich und beschämend war das Erlebte des 2. Weltkrieges.

„Wer heute Angehörige der Dreißigerjahrgänge nach den möglichen Kriegsfolgen in ihrem weiteren Leben befragt, wird womöglich den Satz hören: „Es hat uns nicht geschadet." Kann das sein? [...] Um das zu glauben, müssten wir unser ganzes Wissen über die seelische Verletzbarkeit im frühen Kindesalter über Bord werfen. Aber was war geschehen? Wurden die Kinder etwa zum Verstummen gebracht? „Genauso war es", bestätigte eine Kriegswaise aus Ostpreußen. „Man hat uns beigebracht: Darüber spricht man nicht. Das erzählt man nicht. Schau nach vorn."[18]

Es folgten die Wirtschaftswunderjahre und man dachte, dass das üppige Essen der damaligen Zeit und der sich anbahnende Wohlstand die Wunden der Seele heilen könnten.
Man war der Ansicht, dass „sich selbst nicht so wichtig zu nehmen", Schweigen und die Zeit den verletzten Seelen einer gesamten Generation Heilung bringen könnte. Doch dieses Lebensmuster brachte alles, nur kein Leben.

Aus solchen Familiensystemen auszusteigen und nicht mehr „mitzuspielen" ist ein Prozess. Es ist eine Befreiung aus einer Gefangenschaft. Sehr ermutigend ist hier die Aufforderung Gottes, die in den Psalmen steht: Singt dem Herrn ein neues Lied, singt dem Herrn, alle Bewohner der Erde! (Psalm 96,1). Neue Leben bringende Systeme bzw. Strategien zu lernen ist wie ein neues Lebenslied zu singen. Vater Gott sehnt sich danach, dass unser Leben neue Melodien spielt. Er freut sich auf neue Lieder, die frei sind von Angst, Missbrauch, Erpressung und Manipulation.

Es kann sein, dass unsere Herkunftsfamilie und die Umwelt nicht unbedingt mit Gegenliebe auf eine solche Entscheidung reagieren werden. Denn unsere Reaktionen und Verhaltensweisen werden sich verändern. Sie können unsere Umwelt und besonders unsere Herkunftsfamilie verunsichern, beunruhigen und ängstigen. Zwangsläufig wird damit ihr Familiensystem infrage gestellt.

Vielleicht wird die Herkunftsfamilie versuchen, dich wieder in das alte Familiensystem, zum Beispiel ein Angstsystem, einzuladen: „So kenne ich dich gar nicht. Früher bist du netter gewesen." „Du machst mir Angst! Kannst du wieder so lieb sein wie früher?" „Ich finde deine Handlungen ziemlich fragwürdig. Hast du dabei mal an die Schwachen gedacht?"

Als Königstochter kannst du beginnen, in neuen und gesunden Systemen zu leben, die frei sind von Scham, Angst, Gewalt, Kontrolle und Missbrauch.

HERZENSIMPULSE

🕊 Welche Familiensysteme gibt es in deiner Herkunftsfamilie?

🕊 Wie wurden in deiner Familie Konflikte ausgetragen? Was hast du über Streiten und Versöhnen in deiner Familie gelernt?

🕊 Welche typischen Familiensätze gibt es in deiner Familie?

MEINE KINDHEIT

*Er heilt den, der innerlich zerbrochen ist,
und verbindet seine Wunden.*

Psalm 147,3

Im Garten meines Elternhauses stand eine Schaukel. Ich liebte es zu schaukeln. Dabei stellte ich mir als kleines Mädchen vor, dass es mir eines Tages gelingen würde, mit meinen Fußspitzen die Wolken zu berühren, wenn ich hoch genug schaukeln würde. Ich kann mich nicht erinnern, wie viele Stunden ich geschaukelt habe. Es waren gefühlt ganze Sommer, in denen ich auf meiner Schaukel saß und fröhlich selbstgedichtete Lieder sang.

Jedoch nicht alle Erinnerungen aus meiner Kindheit sind schön. Manche schmerzhafte Erinnerungen stehen ganz deutlich vor meinem inneren Auge, andere sind schemenhaft vorhanden. Viele Erinnerungen waren lange Zeit so schmerzvoll, dass ich sie innerlich beiseite geschoben hatte. Ich wusste nicht, wie ich mit dem erlebten Schmerz umgehen sollte.

Die Erfahrungen unserer ersten Lebensjahre beeinflussen unser gesamtes restliches Leben. Wenn wir im Säuglingsalter beziehungsweise in der Kindheit irgendeine Art von Mangel erlitten haben, prägt dieser unser Sein sowie unseren weiteren Reife- und Entwicklungsprozess.

Der erlittene Mangel kann verschiedene Gesichter haben:

- Wie wurden deine Bedürfnisse nach Liebe, Zuwendung, Zeit, Aufmerksamkeit im Säuglingsalter und in deiner Kindheit gestillt?
- Wurden deine Bedürfnisse wahrgenommen?
- Wie wurden deine Grenzen respektiert?
- Wie wurde mit deinen Gefühlen umgegangen?

- Bist du als Einzelkind oder mit Geschwistern aufgewachsen?

Da wir nur das weitergeben können, was wir selbst empfangen haben, hat unser Erleben Folgen für unsere gesamte Umwelt. Wir werden ganz unterschiedlich versuchen, diesen erlebten Mangel zu stillen. Der damit verbundene Schmerz wird solange nicht heilen, bis wir unseren ursprünglichen erlebten Mangel und Schmerz bereit sind anzuschauen und von Vater Gott stillen zu lassen.

[Wenn du dich einerseits danach sehnst, dass dieser Mangel gestillt wird und du anderseits wahrnimmst, dass du tief in dir davor Angst hast, nimm dich darin ernst. Überlege dir, ob es für dich hilfreich sein könnte, wenn du eine Lesepause machst und in den Reiseabschnitt „Das Wesen Gottes als Vater" weiterliest.]

Vielleicht geht es dir beim Lesen dieser Reise-Etappe so, dass du denkst, damit kann ich überhaupt nichts anfangen, denn ich hatte eine komplett glückliche Kindheit. Nur du selbst kannst beurteilen, wie du deine Kindheit empfunden hast.

Etliche Jahre versuchte ich, mir und meiner Umwelt gegenüber das Bild aufrechtzuerhalten, dass ich eine komplett glückliche Kindheit erlebt hatte. Ich verteidigte dieses Bild. Gleichzeitig war in mir ein dumpfer Schmerz. Ich hatte die Ahnung, dass meine Kindheit ganz und gar nicht glücklich gewesen war. Doch ich hatte ebenso Angst, mich dieser Wahrheit zu stellen.

Weil Vater Gott schon immer bei mir gewesen ist, kannte er meine Ängste und nahm mich ernst. So begann zuerst Schritt für Schritt meine Heilung der unguten und schmerzhaften Erinnerungen, die direkt unter der Oberfläche schlummerten.

Im Alter von drei Jahren wurde ich vollkommen unerwartet für eine dringende Operation ins Krankenhaus eingeliefert. Meine Eltern waren davon genauso überrascht wie ich. Sie konnten mich – so gerne sie das getan hätten – nicht

darauf vorbereiten. Vom Kinderarzt ging es direkt ins Krankenhaus. In der damaligen Zeit gab es noch nicht die Möglichkeit, dass Eltern bei ihren Kindern im Krankenhaus übernachten konnten. Ich verstand nicht, warum ich in dieser vollkommen unbekannten und fremden Umgebung allein war. Jede Nacht weinte ich mich in den Schlaf.

Als ich mich eines Tages fragte, warum ich mich oft einsam und allein fühlte, selbst wenn ich unter Menschen war, erinnerte ich mich an das Krankenhauserlebnis. Ich spürte, dass in meiner gefühlten Einsamkeit als erwachsene Frau der Schmerz des Alleinseins und Getrenntseins als kleines Mädchens von seinen Eltern steckte.

Vater Gott kennt unsere Wunden. Er nimmt unseren Schmerz ernst. Er weiß um die Situationen, in denen wir uns wie ein kleines Mädchen vorkommen, obwohl wir eine erwachsene Frau sind. Er sagt uns zu, dass er alle unsere Wunden heilen möchte. Wir wurden für die Intimität mit ihm geschaffen, um als Königskinder, als seine Königstöchter, zu leben. Aber wir wurden getrennt von Vater Gott und dieser Intimität geboren.

Als Königstochter beginnst du in deiner Schönheit und deiner Würde zu strahlen, wenn Jesus anfängt, die Wunden und inneren Verletzungen, die in deiner Kindheit entstanden sind, zu heilen.

HERZENSIMPULSE

🕊 Erinnerst du dich an einen Mangel, den du als Kind erlitten hast?

🕊 Wenn du dich an nichts erinnern kannst, kann es sein, dass du dich und deinen Schmerz schützen möchtest? Was erleichtert dir, diesen Schmerz anzuschauen?

Danke, Jesus,
du nimmst mich an die Hand und gemeinsam gehen wir durch den Garten meiner Kindheit.

Vieles in diesem Garten ist schön, bunt, voller Leben. Doch du zeigst mir, dass ein paar Blumen geknickt sind und kleine Blümchen nicht weitergewachsen sind, weil ihnen Licht und Wärme fehlten. Du stehst mit mir davor und mir tut es weh, dies zu sehen.
Du siehst mich an mit Augen der Liebe und sagst: "Ich fühle mit dir diese Trauer. Darf ich nun aufrichten, was geknickt ist und darf ich mein Leben in das hineinsprechen, was nicht wachsen konnte? Vertraust du mir?"

Ich schaue in seine Augen und sage: "Ja, ich vertraue dir, danke dass du wiederherstellst und meinen Garten in allen Bereichen des Lebens schön machst."
Amen.

B.Z.

MEINE JUGEND

Hab keine Angst, du wirst nicht mehr erniedrigt werden!
Niemand darf dich je wieder beschämen.
Du wirst vergessen, wie man dich in deiner Jugend
gedemütigt hat.

Jesaja 54,4

Auch unsere Jugendzeit kann seelische Wunden schlagen. Auseinandersetzungen in der Pubertät mit den Eltern sind oft für beide Seiten anstrengend. Im Ausprobieren von Grenzen und dem Treffen von eigenen Entscheidungen können viele Verletzungen entstehen. Die Ausgehzeiten, die Rocklänge, die Ausschnittweite, der Kontakt zu Jungs, all diese Themen werden unterschiedlich gesehen. Je nach Erziehungsstil können besonders in dieser Lebensphase Demütigung und Beschämung ein Thema sein.

Vielleicht hast du in deiner Jugend den Satz gehört: „Solange du deine Füße unter meinen Tisch stellst, werde ich dir sagen, was du zu tun und was du zu lassen hast." „Solange du hier wohnst, sage ich dir, wo es lang geht." „Solange ich der Herr [die Herrin] im Haus bin, treffe ich die Entscheidungen für dich. Ich bin schließlich dein Vater [deine Mutter]."

Wenn dir solche Sätze vertraut sind, kann es sein, dass du denkst „Nun ja, der Zweck hat die Mittel geheiligt. Schließlich weiß ich heute, dass ich wirklich keine gute Entscheidung getroffen hätte."

Es kann sein, dass du keinen guten Plan hattest und deine Entscheidung dir wirklich geschadet hätte.

Doch was haben solche Sätze der Eltern zur Folge? Es entsteht ein Gefühl von „Du bist klein und ich bin groß.", „Ich habe Macht über dich und dein Leben.",

„Du musst tun, was ich sage.", „Deine Entscheidungen sind falsch.", „Du bist von mir abhängig.", „Du bist unfähig, gute Entscheidungen zu treffen.".

[Wenn du dir in deiner Beziehung zu Vater Gott vorkommst, als seist du klein und Gott so groß, dass er Macht über dein Leben hat und du letzten Endes tun musst, was er sagt, dann möchte ich dich einladen, dir zu überlegen, was du als nächstes tun möchtest. Möchtest du die Reise-Etappe zu Ende lesen oder möchtest du dir Zeit nehmen und den heiligen Geist bitten, dir zu offenbaren, warum du Angst vor Gott hast. Der Reiseabschnitt über das Wesen Gottes und die Reise-Etappe „Mein Vater" können dir helfen, deine Angst zu benennen, so dass du sie verlierst.]

Die obigen Sätze repräsentieren einen Erziehungsstil von Einschüchterung und Erniedrigung. Die Beziehung zwischen dem Teenager und den Eltern ist bei solch einem Erziehungsstil von Angst geprägt. Angst und Liebe schließen einander aus.
In einer gesunden und guten Beziehung, bringt ein Kind seinen Eltern Respekt, Wertschätzung und Achtung entgegen.
In einem Erziehungssystem, in dem Beschämung, Erniedrigung und Furcht herrschen, wird nie eine Herzensbeziehung entstehen können, diesen positiven Respekt hervorbringt. Leben bringende und liebende Unterordnung entsteht niemals durch Druck oder Zwang, sondern durch eine Atmosphäre, in der Liebe und Freiheit herrschen. Eine liebende Unterordnung bedeutet, frei zu wählen, mit jemand verbunden zu sein, sich von jemand prägen zu lassen und diesem das Recht einzuräumen, dass dieser jemand in das eigene Leben hineinsprechen darf. Dies ist das Fundament dafür, dass ein Kind seinen Eltern Wertschäzung und Achtung entgegenbringen kann. Darauf bezieht sich Jesus, wenn er sagt: „Wenn ihr mich liebt, so werdet ihr meine Gebote halten." (Elb Johannes 14,15).

Beschämung und Erniedrigung in der Jugend kann nicht nur durch die Eltern stattfinden, sondern auch durch Verwandte, Lehrer oder Gleichaltrige.

Wenn dir das System von Erniedrigung und Beschämung vertraut ist, kann es sein, dass du ein Erkennen dieser (Macht-)Strukturen und Zeit zum Ausstei-

gen brauchst. Das System „Drohen" und „Machtausüben" wird ansonsten in Arbeitsverhältnissen, in Freundschaften und in Beziehungen als „normal" weitergelebt.

Vater Gott verspricht dir durch den Vers in Jesaja, dass du als seine Königstochter in der Beziehung zu ihm niemals erleben wirst, dass er dich beschämt, erniedrigt oder demütigt. Er sehnt sich danach, die Wunden, die dadurch in deinem Herzen entstanden sind, zu heilen, so dass du erleben kannst, dass es Beziehungen gibt, die durch Liebe, Freiheit und Vertrauen geprägt sind.

Gott als dein Vater will keine Handlung von dir als seine Königstochter, die dich beschämt. Er erwartet nichts von dir, was dich zur Schau stellt.

HERZENSIMPULSE

🕊 Wie reagierten deine Eltern auf deine Entscheidungen?

🕊 Wie hast du deine Pubertät erlebt?

🕊 Welche Erlebnisse wirfst du deinen Eltern immer noch vor?

Mein Vater sieht meine Bedürfnisse, meine Wünsche und Träume. Er weiß. was inmir vorgeht. Er setzt mir gesunde Grenzen, damit ich lerne, meine Gefühle zu beherrschen, und nicht, damit sie mich beherrschen.

MEINE HEIMAT ALS KÖNIGSTOCHTER

*So seid ihr nicht länger Fremde und Heimatlose;
ihr gehört jetzt als Bürger zum Volk Gottes,
ja sogar zu seiner Familie.*

Epheser 2,19

Von der ursprünglichen Wortbedeutung her beinhaltet der Begriff „Heimat"
eine Beziehung zwischen einem Menschen und einem Raum. Meist verbindet
man mit dem Begriff „Heimat" einen Ort, in den ein Mensch hineingeboren
wird und in dem die frühesten Erlebnisse in der Kindheit stattfinden. Die Identität, das Verhalten in Konflikten und die Wertvorstellungen werden an diesem
Ort geprägt.

Daher sind Heimat und Kindheit eng miteinander verwoben. Wenn man sich
über seine Heimat Gedanken macht, beginnt man, sich mit seiner Kindheit
auseinanderzusetzen.

Ob Heimat für dich ein positiver Begriff ist, hängt davon ab, was du erlebt
hast.

Die einen assoziieren mit Heimat unendliches Glück, Leichtigkeit, Sorglosig-
keit, Sicherheit, Freiheit, Geborgenheit und Schutz. Für andere wiederum ist
der Begriff Heimat negativ besetzt. Manche haben ihre Heimat aus verschiedenen Gründen verlassen müssen und nur schwer einen Ort gefunden, der
für sie Heimat bedeutet.

Heimat kann ein bestimmter Ort, eine Landschaft, ein Geruch, ein Ausblick
oder die eigene Sprache oder der Dialekt sein. Heimat ist eng verbunden mit
Zuhausesein, sich zuhause fühlen. Heimat hat mit Identität zu tun: Hier bin
ich richtig! Hier darf ich sein!

Was bedeutet für dich Heimat und Zuhausesein? Wusstest du, dass dir in deinem Zuhause nichts Böses widerfahren kann? Wusstest du, dass, egal was passiert, du in deinem Zuhause sicher und geborgen bist?

Vielleicht hast du in einer Familie gelebt, die im Namen Gottes Angst und Gewalt in deiner Erziehung legitimiert und gerechtfertigt hat – mit Bezug auf Bibelstellen wie „Vater und Mutter zu ehren" (Exodus 20,12) oder „Wer sein Kind liebt, züchtigt es." (Sprüche 3,12).

[Wenn du als Kind erlebt hast, dass deine Eltern ihre Gewalt gegenüber dir mit Gott in Verbindung gebracht haben, kann es sein, dass du dich nicht nach einer Heimat im Himmel sehnst. Vielleicht denkst du, dass Gott ein Gott ist, der mit Angst und Gewalt herrscht und die Menschen dadurch erzieht. Wenn dir solche oder ähnliche Gedanken vertraut sind, möchte ich dich einladen, dir zu überlegen, ob du in dieser Etappe weiterlesen oder nochmals in den Reiseabschnitt „Das Wesen Gottes als Vaters" zurückgehen möchtest.]

Paulus spricht davon, dass wir alle Heimatlose sind, wenn wir Gott nicht als liebenden Vater kennen. Wenn wir Jesus in unser Herz aufnehmen, werden wir Bürger des Volkes Gottes. Wir erhalten einen neuen Status, einen neue Identität: Königskinder sein. Wir haben eine neue Heimat und eine neue Familie.

Es braucht Zeit, die neue Identität als Königskind zu begreifen und zu leben. Die neue Zugehörigkeit fordert heraus, neu zu denken, zu fühlen und zu handeln. Denn unsere erlernten Verhaltenslösungen aus unserer eigenen Kindheit, unserer alten Heimat sind uns vertraut. Manchmal haben wir Lebensweisheiten übernommen, von denen wir noch nicht einmal merken, dass sie nicht dem Wesen Gottes und der Identität eines Königskindes entsprechen.

Ein solches Denken könnte zum Beispiel sein, dass wir davon überzeugt sind, dass Gott uns durch Krankheit oder schwierige Lebenssituationen „erziehen" möchte. Vielleicht denkst du, dass dies der Bibelvers in Römer 8,28 beinhaltet, in dem steht, dass denen, die Gott lieben, alle Dinge zum Besten dienen. Falls es dir so geht, möchte ich dich einladen, über etwas nachzudenken: Jesus lädt uns ein, das „Vater unser" als Gebet in unserem Leben zu etab-

lieren. Das heißt, dass sich auf der Erde das Wertesystem und die Kultur des Himmels etablieren sollen. Wenn wir uns Gedanken darüber machen, wie das Wertesystem und die Kultur des Himmels aussehen, finden wir viele Bibelstellen, die uns dies verdeutlichen. Auf eine möchte ich eingehen. Johannes spricht in Offenbarung 21,4 davon, dass es im Himmel kein Leid, keinen Schmerz, kein Geschrei und keine Tränen mehr gibt.

Wenn es im Himmel all dies nicht mehr gibt und Jesus uns einlädt, dass die Erde den Himmel widerspiegeln soll, ist es unmöglich, dass Gott Krankheit, Leid, Schmerz sendet, um uns zu seinem Herzen zu ziehen und uns zu „erziehen".

Du hast als Königstochter bei Vater Gott im Himmel deine Heimat.

HERZENSIMPULSE

🕊 Was ist für dich Heimat? Gibt es einen Ort, an dem du sein darfst, wie du bist? Wie lauten deine Vorstellungen über Heimat und überträgst du deine Vorstellungen von Heimat auf den Himmel?

🕊 Welche „Himmelswerte" möchtest du in deinem Leben verwirklichen oder in dein Leben holen?

HEIMAT

Ankommen.
Mich fallen lassen.
Sein.

Vertraute Klänge.
Geliebte Gerüche.
Ganz rein.

Sorglos und leicht.
Geborgen und sicher.
Ohne Pein.

Sanfte Berührung.
Tiefe Gespräche.
In deinem Schein.

Offene Arme.
Tröstende Worte.
Glück zieht ein.

Zuhause bei dir.
In deinem Arm.
Alles ist mein.

S.B.

MEIN HERZ ALS KÖNIGSTOCHTER

Ich will euch ein anderes Herz und
einen neuen Geist geben.
Ich nehme das versteinerte Herz aus eurer Brust
und gebe euch ein lebendiges Herz.

Hesekiel 36,26

Gibt es ein Foto von dir, das du besonders magst? Stell dir dieses Foto als Mosaik vor. Jede einzelne Erfahrung und jedes gemachte Erlebnis, seit dem du im Mutterleib gewesen bist, ist ein Mosaikstein dieses Fotos.
Jedes Erlebnis berührt unser Herz. Unverarbeitete Angst und Schmerzen lassen unsere Herzen zusammenkrampfen und hart werden. Alle Erfahrungen, in denen du Angst hattest, innerlich verletzt und enttäuscht wurdest, sind nicht mehr ein farbiger, sondern ein schwarzer Mosaikstein auf deinem innerlichen Foto.

Wie würde dein Mosaik aussehen? Würde man dich noch als Person auf dem Mosaik erkennen oder würde man eine fast komplett schwarze Fläche sehen?

Es gibt kein Organ, das mehr mit Leben und Liebe in Verbindung gebracht wird als das Herz. Vater Gott bietet uns in dem Vers in Hesekiel 36 eine „Herztransplantation" an. Warum möchte uns Vater Gott ein anderes Herz und einen neuen Geist geben? Weil er die inneren Verletzungen unseres Herzens kennt. Er war dabei, als du verletzt wurdest, hat dich im Arm gehalten, als man dich ausgelacht hat. Er hat mit dir geweint, als du dich einsam und verlassen gefühlt hast. Er hat mit dir geweint, als du deinen ersten Liebeskummer hattest und dich verstanden.

Wenn du als kleines Mädchen und Jugendliche schmerzhafte Dinge erlebt hast und du keinen Trost und Heilung erfahren hast, hast du für dich Lösungen gesucht, um weiter- und überleben zu können. Aus der damaligen Sicht können deine Lösungen – wenn du zum Beispiel damals emotional vollkommen auf dich allein gestellt gewesen warst – dir das Leben gerettet haben. Doch es kann sein, dass deine damaligen Lösungen dir heute Leben rauben. Solche Lösungen könnten Sätze gewesen sein wie: „Ich vertraue niemandem mehr." „Ich werde niemandem mehr zeigen, wie es mir geht." „Niemand wird mehr Zutritt zu meinem Herzen bekommen."

Ein versteinertes Herz bewahrt uns wie ein Schutzpanzer vor weiteren Verletzungen. Jedoch führt es in Einsamkeit und in Beziehungslosigkeit. Ein versteinertes Herz ist nicht lebendig, strahlt keine Schönheit und kein Leben aus.

Aus diesem Grund möchte Gott dir ein neues Herz und einen neuen Geist geben, um mit dir eine Herzensbeziehung einzugehen. In diesem Prozess kannst du lernen, Verantwortung für dein Leben, deine Emotionen und deine Entscheidungen zu übernehmen. Vielleicht hast du noch keine Idee, wie du dein Herz dann vor Verletzungen schützen kannst. Jeder Mensch braucht gute Strategien, um sich zu schützen. Jesus hilft dir, neue Schutzstrategien aufzubauen. Er baut mit dir gemeinsam eine neues Mosaik, das strahlt und leuchtet.

Vater Gott hat uns zugesagt, dass er in seinem neuen Bund durch Jesus sein Gesetz in unsere Herzen und in unsere Gedanken schreiben möchte (Jeremia 31,3). Er möchte unser Schutz sein.

[Wenn sich beim Lesen alles in dir aufbäumt und du denkst, dass du vollkommen schutzlos bist, wenn nur Gott dein Schutz ist, möchte ich dir empfehlen die Reise-Etappe „Gott, mein Vater, der mich schützt" zu lesen. Wenn du denkst, dass dies heißt, dass du keine gesunden Grenzen setzen darfst, möchte ich dich einladen, beim Lesen dieser Etappe eine Pause einzulegen und in der Reise-Etappe „Grenzen setzen" weiterzulesen.]

Gott, dein Vater, möchte mit dir, als seine Königstochter, in so einer vertrauten Beziehung leben, dass du in jedem Bereich deines Herzens sicher und geborgen bist.

HERZENSIMPULSE

🕊 Wie sieht dein (Lebens-)Mosaik aus? Wie hast du dein Herz als Mädchen und Jugendliche geschützt?

🕊 Welche Schutzsätze kennst du? Was wäre ein guter Satz, der dich in Beziehung zu Menschen bringt und dennoch dein Herz schützt?

🕊 In welchen Beziehungen, die du im Moment hast, schützt du dein Herz?

Die linke Herzhälfte ist im Original mit Blattgold versehen. Sie steht dafür, dass Gott die Mauern unseres Herzens immer mehr wegnehmen möchte, damit unser Herz frei und heil wird.

M.B.

MEINE SCHÖNHEIT ALS KÖNIGSTOCHTER

Er sagt zu mir: „Steh auf, meine Freundin, meine Schöne, und komm! Die Regenzeit liegt hinter uns, der Winter ist vorbei!"

Hoheslied 2,10—11

Hast du es schon einmal erlebt, dass du vor dem Spiegel stehst, als nähmest du an einer Miss-Germany-Wahl teil? Du bist hierbei Teilnehmerin und Jury in einem. Wie fällt deine innere Miss-Germany-Wahl aus?

Wenn wir als kleines Mädchen nie von unseren Eltern gehört haben, dass wir einzigartig und schön sind, kann dies Wunden und Narben in unserem Herzen verursachen. Vertieft und verstärkt können diese durch verletzende Erlebnisse in der Kindergarten- und Schulzeit werden. Hast du erlebt, dass Kinder sich über dein Äußeres lustig gemacht haben? Vielleicht über deine Locken, die wieder einmal in alle Richtungen standen? Über deine Sommersprossen, die im Sommer viel kräftiger waren als im Winter? Über deine zu kurzen Beine? Über Kleider, die du tragen musstes und die nicht der neusten Mode enstprachen?

Weder in der Kindheit noch in der Jugend habe ich jemals die Sätze gehört: „Du bist einzigartig.", „Tanja, du bist schön.", „Du bist hübsch.". Mich quälte die Frage nach meiner Schönheit förmlich. Ich sehnte mich, nicht nur zu hören, ich sei wunderschön, sondern mich selbst so zu sehen und wahrnehmen zu können.

Keine erwachsene Bezugsperson hat mich auf der Reise zu meiner Schönheit als Frau unterstützt, gefördert oder ermutigt. In meinem Umfeld galt die Frage nach der eigenen Schönheit als Luxus und als eine Art „sich in den Mittelpunkt zu stellen".

Diesen Luxus konnten wir uns als Familie nicht leisten. Wir haben nie über

Schönheit gesprochen. Auch Themen wie Design, Kunst, klassische Musik, Theater, schöne Kleidung oder Schmuck waren kein Gegenstand von unseren Gesprächen.

Die Kindheit und Jugend meiner Eltern war durch den 2. Weltkrieg geprägt. Schönheit hatte damals in ihrem Leben keinen Raum, daher waren sie auch nicht gewohnt, sich darüber zu unterhalten.

[Wenn deine Eltern oder Großeltern ebenfalls im 2. Weltkrieg Kinder oder Jugendliche gewesen sind, kann es für dich hilfreich sein, an dieser Stelle in der Reise-Etappe „Meine Familiensysteme" weiterzulesen.]

Dennoch suchte ich nach einer Antwort, denn die Frage nach meiner Schönheit konnte ich weder abschütteln noch loswerden. So habe ich meinen Kampf um meine Schönheit einsam gekämpft und überlebt. Auch als junge Frau war ich noch unsicher, ob ich wirklich schön bin. Die Verletzungen in meinem Herzen schmerzten und heilten lange nicht.

Eine Antwort, die mir Freiheit und Frieden in meinem Heilungsprozess brachte, fand ich in der Schöpfungsgeschichte, die in Genesis 1 steht. Vater Gott hat uns als Frauen geschaffen – als seine Königstöchter. Gott hat nicht diesen Maßstab für Schönheit, wie wir ihn kennen: schlank, blond, lange Haare, lange Beine und faltenfrei.

Gott selbst ist Schönheit pur.

Vater Gott möchte uns in unserem Frausein prägen. Wir dürfen seine Schönheit widerspiegeln. In diesem Zusammenhang ist es faszinierend und herausfordernd zugleich, dass er uns in den Zehn Geboten dazu auffordert, uns kein Abbild von ihm zu machen (Exodus 20, 2–17). Dieses Gebot führt uns in die größte Freiheit in Bezug auf Schönheit, die es überhaupt gibt. Denn Gott sagt dadurch, ich lasse mein Wesen nicht in eine Schublade pressen und du brauchst das als Frau auch nicht zu tun. Das Herz einer Frau spiegelt Gottes Herz und sein Sein (Psalm 96,6).

Ich liebe es, Zeit mit Freundinnen zu verbringen. Eine Freundin besuchte ich über ein Wochenende. Bei einem Gespräch mit ihr erkannte ich, dass sich vieles an Schwerem und Bitterem, was meine Mutter erlebt hatte, auf mich übertragen hatte. Wir beteten, dass Gott offenbart und heilt, was ich noch an harten Haltungen in mir trug. Ich vergab meiner Mutter, dass ich durch sie einen Lebensstil gelernt hatte, in dem Bitterkeit und Schwere Platz hatten. Nach dem Gebet schaute meine Freundin mich an und sagte immer wieder: „Das gibt es nicht, das gibt es nicht, ich kann es nicht glauben."

Irritiert und verwundert fragte ich: „Was ist denn?" Fassungslos stammelte sie: „Deine Gesichtszüge um den Mund herum sind anders, viel weicher. Das Harte ist verschwunden." Ich selbst sah das in diesem Moment nicht und konnte es nicht so recht glauben.

Am nächsten Morgen fragten wir ihren damals achtjährigen Sohn, der nichts von meinen Erlebnissen am Abend wusste: „Schau doch mal Tanja an, fällt dir etwas auf?" Leicht genervt, als sei es das Offensichtlichste auf der Welt, sagte er: „Ja natürlich, sie sieht um den Mund herum nicht mehr streng aus. Können wir jetzt endlich frühstücken?"

Vater Gott gibt dir als seiner Königstochter Schönheit statt Asche (Jeremia 61,3).

HERZENSIMPULSE

🕊 Was prägte dein Schönheitsideal?

🕊 Wann fühlst du dich schön?

🕊 Wann bist du schön?

WIE EINE LILIE INMITTEN DER DORNEN
– SO IST MEINE FREUNDIN INMITTEN DER TÖCHTER.

Hohelied 2,2

Lilie hebräisch שׁוֹשָׁן
= shushan (Susanne)

REINHEIT: Rand des Reinigungsbeckens
im Tempel geformt wie eine
Lilienblüte.   1. Könige 7.26

SCHÖNHEIT:
Prachtvoller als
Salomos Kleidung
LUKAS 12.27

LEBEN, VERBUNDENHEIT
MIT JESUS:
"Ich werde für Israel sein
wie der Tau – blühen soll es
wie eine Lilie"   HOSEA 14.6

botanisch Lilium

· 115 verschiedene Arten

· **ausdauernde,**
aufrecht wachsende
Zwiebelpflanze
mit auffälligen Blüten
· liebt schattige
Plätze
· wächst weit in
die Höhe

C.M.

MEINE WÜRDE ALS KÖNIGSTOCHTER

Wer hoffnungslos im Elend sitzt, den holt er heraus;
wer erniedrigt wurde, den bringt er wieder zu sich
und gibt ihm einen Platz unter den Angesehenen,
die in seinem Volk Rang und Namen haben.

Psalm 113,7-8

Kinder, die als Königskinder aufwachsen, leben in einer Kultur, die darauf ausgerichtet ist, sie in ihrem Königskindsein zu stärken, so dass sie eines Tages würdevoll das Königshaus repräsentieren können. Die wenigsten von uns sind in einer solchen Kultur der Würde und dem Bewusstsein, etwas Besonderes zu sein, groß geworden.

Wir alle haben ein inneres Bild davon, wie eine Prinzessin ist. Zu diesem Bild gehört mehr als wunderschöne Haare. Es beinhaltet prachtvolle Kleider, eine Schönheit, die von innen aus ihr herausstrahlt sowie ein Leben ohne Stress oder Eile.

Vater Gott sehnt sich danach, dass du als seine Königstochter in deiner Schönheit, die er dir gegeben hat, strahlst. In Psalm 45 werden die Würde, Schönheit und Pracht einer Königstochter beschrieben.
Deine Würde als Königstochter zeigt, wie wertvoll und kostbar du in den Augen deines himmlischen Vaters bist. Würde hat mit dem Bewusstsein des Wertes einer Person zu tun.

Wie wertvoll bist du? Wie siehst du dich selbst? Liebst du dich selbst? Wie gehst du mit dir selbst um? Führst du innere Gerichtsverhandlungen mit dir, in denen du regelmäßig die Schuldige bist, weil du nicht schön genug bist, dich nicht gesund genug ernährt hast, nicht genug geliebt hast, nicht genug gebetet hast, nicht genug in der Bibel gelesen hast, nicht genug ...

Vater Gott sieht dich anders. Er führt keine Gerichtsverhandlung über dich. Er sagt zu dir: „Wer mit meinem Sohn verbunden ist, für den gibt es keine Verdammnis mehr (Römer 8,1)." Das heißt, Gott, dein himmlischer Vater, führt keinen Prozess durch, bei dem du verurteilt wirst.

Wenn Gott dies nicht tut, warum tust du es selbst?

Obwohl ich den Bibelvers aus Römer 8 kannte, führte ich mit mir selbst jahrelang innere Gerichtsverhandlungen, in denen ich bereits vorher wusste, wie das Urteil lauten würde: versagt, nicht genug, zu wenig angestrengt, zu wenig geliebt.

Die Kultur, in der ich groß wurde, hatte wenig mit Würde zu tun. Ich habe nie gehört, dass ich wertvoll oder bedingungslos geliebt bin. Grenzen zu setzen und zugleich respektvoll miteinander umzugehen, habe ich als kleines Mädchen nicht kennengelernt.

Obwohl ich in meiner Jugend eine bewusste Entscheidung für Jesus getroffen hatte, hörten die Erniedrigungen nicht auf. In meiner Schulzeit war ich jahrelang Außenseiterin und wurde gemobbt. Bis zu meinem Abitur hatte ich jeden Tag Angst, in die Schule zu gehen, weil ich subtil gedemütigt wurde.

Anfang zwanzig erkannte ich, dass ich durch die hoffnungslosen Dinge in meiner Kindheit und Jugend meine Würde verloren hatte. Der Gedanke, dass ich in der Würde einer geliebten Königstochter leben könnte, war beinahe unvorstellbar. Eine tiefe Sehnsucht in mir nach diesem Leben ließ mich nicht mehr los. Ich machte mich auf den Weg, dieses zu entdecken und darin zu leben.

Wenn du dein Leben in der Würde und dem Wert einer Königstochter gestaltest, spiegelt dies die Schönheit wider, die Vater Gott dir gegeben hat.

HERZENSIMPULSE

🦋 Wie wertvoll bist du in den Augen deiner Freunde, deiner Familie, deines Ehemannes?

🦋 Wie gehst du selbst mit dir um?

🦋 Wie wertvoll bist du in deinen eigenen Augen? Kannst du das an Beispielen beschreiben?

🦋 Setzt du Grenzen, wenn man nicht würdevoll und respektvoll mit dir umgeht? Wie sehen diese aus?

🦋 Wie kann dein Leben in der Würde und dem Wert einer Königstochter aussehen?

S.S.

MEIN ERBE ALS KÖNIGSTOCHTER

So bist du nun nicht mehr Knecht, sondern Kind;
wenn aber Kind, dann auch Erbe durch Gott.

Galater 4,7

Ich liebe Filme, die auf wahren Begebenheiten beruhen. Mit Freude habe ich den Spielfilm über das Leben und über die Entstehung der Firmen Adidas und Puma geschaut. Die beiden Sportartikelfirmen haben meine Kindheit und Jugend begleitet. Damals war es „in", Adidas zu tragen. Puma trugen diejenigen, die sich Adidas nicht leisten konnten. So verstand ich nicht, wie Boris Becker sich Mitte der 80er Jahre entscheiden konnte, einen Sponsorenvertrag mit Puma abzuschließen.

Der Film erzählt die Geschichte zweier Brüder, Adi und Rudolf Dassler, die einen Traum haben. Sie sind davon angetrieben, den perfekten Laufschuh zu entwickeln. Entgegen vieler Widrigkeiten wird ihr Traum Realität. Dies gelingt ihnen in den 20er und 30er Jahren, in einer Zeit, in der vielen Menschen nicht nach träumen zumute war. Doch die Brüder zerstreiten sich. Aus diesem Streit heraus gründet 1948 Rudolf Dassler Puma. Die Rivalität der beiden Brüder prägt die Geschichte ihrer Firmen. Die Firmenfehde setzt sich in der nächsten Generation fort. Den entstehenden Reichtum und Wohlstand können beide Familien nicht genießen. Ihr Leben ist geprägt von den Konflikten.

Der Film endet mit einem Abspann. Über diesen habe ich lange nachgedacht. Der Vater von Adi und Rudolf Dassler stirbt an Krebs. Rudolf Dassler stirbt 1974 an Krebs. Vier Jahre später stirbt sein Bruder Adi an Krebs. Armin Dassler, der älteste Sohn von Rudolf Dassler, stirbt 1990 an Krebs. Mittlerweile sind beide Firmen keine Familienunternehmen mehr.

Meiner Ansicht nach gab eine Art „geistiges" Erbe der Familie Dassler, das durch die Konflikte zerstört wurde. Ein Teil dieses geistigen Erbes war, dass ihr Denken von der Überzeugung geprägt war, dass entgegen vieler Widrigkeiten Träume wahr werden können und dadurch etwas Einzigartiges entstehen kann.

Die Väter, Adi und Rudolf Dassler, erkannten Anfang der 70er Jahre, dass der entstandene Konflikt in der Familie das Potenzial hat, alles zu zerstören. Mit Hilfe ihrer Frauen versuchen sie die Firmen, die zwischenzeitlich ihre Söhne leiten, und das geistige Erbe durch einen Vertrag zu retten. Doch ihr Plan scheitert.

Unabhängig davon, wie die Geschichte deines Erbes innerhalb deiner Familie aussieht oder aussehen wird, hast du ein Erbe von Vater Gott erhalten, zu dem du jetzt schon Zugang hast, wenn du sein Königskind bist.

[Wenn du merkst, dass sich bei dem Thema Erbe alles in dir sträubt, kann es sein, dass es etwas in deiner Geschichte oder in deiner Familiengeschichte gibt, in der „erben" kein Leben, sondern Streit, Schmerzen und zerstörte Beziehungen gebracht hat. Damit du voll Freude dein Erbe als Königstochter von Vater Gott antreten kannst, möchte ich dir Mut machen, die Reise-Etappen „Zähneputzen des Herzens" und „Meine Familie und Verwandte" zu lesen.]

Dein Erbe von Vater Gott ist gewaltiger und bedeutender als jedes irdische Erbe:

- Du bist ein Kind Gottes (Römer 8,15).
- Vater Gott (Psalm 16,5), genauso wie Jesus Christus und der Heilige Geist (Römer 8,15), ist Teil deines Erbes.
- Du hast Anspruch auf das ewige Leben. Es ist dein Erbe (Matthäus 19,29).
- Das Wort Gottes ist dein Erbe (Apostelgeschichte 20,32). Auf jede Zusage und Verheißung im Wort Gottes hast du ein Anrecht. In der Bibel stehen mehrere tausend Zusagen und Verheißungen für dich.
- Du besitzt Freudenöl statt Trauer (Jesaja 61,3).
- Du bekommst zurückerstattet, was dir geraubt wurde (Josua 2,25).

- Du besitzt Leben im Überfluss (Johannes 10,10).

Auf deiner wunderbaren und wertvollen Reise als Königstochter hast du die Möglichkeit, deine Denk- und Handlungsweisen zu erneuern, dein Gottesbild der Wahrheit anzupassen und im Glauben an Gottes Zusagen zu leben.

Als Königstochter hast du ein Erbe von Vater Gott erhalten, auf das du bereits jetzt ein Anrecht hast.

HERZENSIMPULSE

🕊 Wie sieht dein Familienerbe aus, das nicht aus Besitz oder Geld besteht?

🕊 Wie kannst du dein Familienerbe gut verwalten und es zum Blühen bringen?

🕊 Gibt es Dinge in deinem Leben, die dich daran hindern, dein Erbe als Königstochter anzunehmen?

Wir haben immer die Wahl,
so wie die zwei Söhne:
Unser himmlischer Vater gibt
uns im Überfluss.
Er hat viel Freude, den
Wasserfall des Segens über
uns regnen zu lassen. Ein
Bild hat mich schon lange
begleitet: Im Lobpreis
erheben wir die Hände.
Wenn unsere Hände offen
sind, kann der Segen durch
uns zu anderen fließen.
Wenn wir nicht festhalten,
was wir bekommen, ist wieder
Platz für neuen Segen.
Ich kann immer wieder neu
empfangen.

S.V.

MEINE FREIHEIT ALS KÖNIGSTOCHTER

Er befreit uns aus der Hand unserer Feinde,
damit wir ihm ohne Furcht unser Leben lang dienen,
als Menschen, die ihm gehören und
nach seinem Willen leben.

Lukas 1,74—75

Lynne Hybels[19] berichtet in ihrem Buch „Brave Mädchen verändern nichts",
wie sie auf ihrer Reise in Vater Gott ihre Identität entdeckte und die Angst vor
Ablehnung überwand. Sie schildert, wie sie jahrelang ein braves angepasstes
Leben führte, um den Erwartungen ihrer Mitmenschen gerecht zu werden.
Die Furcht, nicht geliebt zu werden, war für sie wie ein Gefängnis.

Wenn wir das Leben eines „braven Mädchens" leben, unabhängig davon,
wie alt wir sind, verpassen wir das Leben, das Vater Gott für unser Leben als
Königstöchter bereithält.

Frauen in der Bibel waren keine brave Frauen, die ein angepasstes Leben
führten. Sie erfüllten nicht die Erwartungen ihrer Mitmenschen. Sie orientier-
ten sich an dem Willen Gottes für ihr Leben. Vater Gott prägte ihre Identität.
Ihr Handeln veränderte die Welt. Manche Frauen gingen dabei ein hohes Ri-
siko ein. Sie riskierten, dass ihre Umwelt nicht verstand, was sie taten, und
sie vielleicht dafür ablehnte.

Eindrücklich ist darin die Geschichte von Königin Esther. Sie war eine mutige,
weise und bildhübsche Frau. Ihr Leben war in der Kindheit und Jugend mehr
als herausfordernd. Sie verlor früh ihre Eltern.
Ein Waisenmädchen zur Zeit des Alten Testamentes zu sein, bedeutete für
immer eine existenzielle Bedrohung. Eine Waise war sozial, wirtschaftlich,
rechtlich und religiös benachteiligt. Sie hatte keinen Rechtsschutz und keine

wirtschaftliche Absicherung. Ihr Cousin, Mordechai, kannte die gesellschaftliche Stellung und adoptierte sie. Esthers anschließendes Leben war interessanterweise nicht durch den Verlust ihrer Eltern gekennzeichnet. Sie hatte einen Weg gefunden, dass ihre Verletzungen in ihrem Herzen heilen konnten. Dadurch war es ihr möglich, ein furchtloses Leben zu führten.

Als es danach aussah, dass das gesamte jüdische Volk getötet werden sollte, wandte Esther sich direkt an ihren Ehemann Xerxes, den König. Dies war zur damaligen Zeit undenkbar, denn die Ehefrau durfte ohne Aufforderung nicht zu ihrem Ehemann gehen.

Sie riskierte damit ihr Leben, ins Gefängnis zu kommen und getötet zu werden. Xerxes entschied sich, auf die Bitte seiner Frau einzugehen. So rettete Esther das Leben von Tausenden von Juden.

Das jüdische Purimfest, das jedes Jahr gefeiert wird, wurde von Esther eingeführt. Esthers Mut und Furchtlosigkeit prägte ein ganzes Volk seit mehr als zweitausend Jahren.

Lange Zeit führte ich ein ähnlich angepasstes, braves Leben wie Lynne Hybels. Sehr oft machte ich mir darüber Gedanken, was jemand von mir denken könnte, wenn ich auf eine bestimmte Art und Weise handeln würde.

Die Angst, von Menschen abgelehnt zu werden, war so groß, dass es für mich wichtiger war, die Bedürfnisse und die Erwartungen der anderen zu stillen, als meine eigenen.Ich fürchtete mich vor Ablehnung, Liebesentzug und Einsamkeit.

Diese Angst fühlte sich für mich an, als säße ich in einem Gefängnis und betrachtete durch die Gitterstäbe das Leben meiner Mitmenschen, die in Freiheit lebten. Mein Gefängnis hatte keine Gitterstäbe aus Stahl. Dennoch schienen sie unüberwindbar zu sein. Meine Gefängnisstäbe waren Denkmuster, die besagten, dass es richtig und wichtig ist, ein braves Mädchen zu sein, das die Bedürfnisse anderer erfüllt und für sie Verantwortung übernimmt.

Du bist dann wirklich frei, wenn du in der Tiefe deines Herzens erkannt hast, wer du bist, nämlich eine geliebte Königstochter, und aus deiner Identität heraus lebst.

HERZENSIMPULSE

    In welchen Situationen und Beziehungen fühlst du dich wie ein „braves Mädchen"?

    Für welche Situationen wünschst du dir Mut und Furchtlosigkeit?

    Wie heißen deine „Gefägnisstäbe"?

    Was wäre ein erster Schritt aus deinem Gefängnis? Was bedeutet in diesem Zusammenhang „Freiheit" für dich?

DANKE.
DU BIST GEKOMMEN
MEIN GEFÄNGNIS ZU ÖFFNEN UND MIR
FREIHEIT ZU SCHENKEN. WAGE ICH ES?
WAGE ICH SCHRITTE IN DIE WEITE
MEINER SELBST?
WAGE ICH HERAUSZUTRETEN AUS DEM
BEKANNTEN UND VERTRAUTEN?

Komm, meine Schöne!

WAGE ICH DIE MIR BEKANNTEN
BEGRENZUNGEN ZU VERLASSEN
UND ZU FLIEGEN?

*Komm, meine Taube! Meine Schöne!
Lass mich dein Angesicht sehen.*

WAGE ICH ES MICH
AUSZUSTRECKEN NACH
DEINER VERHEIßUNG?

*Komm,
ich reiche dir
meine Hand!*

D.D.

MEIN FRIEDEN ALS KÖNIGSTOCHTER

Auch wenn ich nicht bei euch bleibe, sollt ihr doch Frieden haben. Meinen Frieden gebe ich euch; einen Frieden, den euch niemand auf der Welt geben kann. Seid deshalb ohne Sorge und Furcht!

Johannes 14,27

Viele Definitionen beschreiben den Begriff „Frieden" als das Gegenteil von Krieg. Der Duden geht sogar noch weiter und spricht von Geborgenheit in Gott.

In der Bibel lesen wir vom Zusammenhang zwischen Geborgenheit und Furchtlosigkeit. Jesus sagt dazu: Auch wenn ich nicht bei euch bleibe, sollt ihr doch Geborgenheit bei Gott haben. Meine Geborgenheit bei Gott gebe ich euch; eine Geborgenheit bei Gott, die euch niemand auf der Welt geben kann. Seid deshalb ohne Furcht und Sorge (Johannes 14,27).

Empfindest du, wenn du an deine Beziehung zu Vater Gott denkst, ein Gefühl von Sicherheit und Geborgenheit?

[Ist dir die Vorstellung fremd, dass Gott, dein Vater ist, der dich beschützt, dann kannst du dir überlegen, ob du Gott so kennenlernen möchtest. Wertvolle Impulse dazu findest du in der Reise-Etappe „Gott, mein Vater, der mich schützt". Unabhängig davon, ob du diese bereits gelesen hast, kannst du dir überlegen, diese Etappe noch einmal zu lesen.]

Vielleicht spürst du, obwohl du Königstochter bist, dass du als grundsätzliche Lebenshaltung keinen Frieden, keine Sicherheit und keine Geborgenheit in dir wahrnimmst.

Wer hat in deiner Familie die Verantwortung für Frieden, Sichehrheit und Geborgenheit übernommen? War es deine Mutter, dein Vater oder warst du es vielleicht selbst?

Wenn du siehst, dass es jemandem schlecht geht, einen Konflikt oder ein Problem hat, fühlst du dich dann innerlich verantwortlich zu unterstüttzten, zu klären und zu retten?

Jesus lebte ein Leben von unendlicher Barmherzigkeit und Liebe. Doch nicht immer hat er geholfen, Wunder gewirkt oder geheilt. Er ist auch nicht auf alle Wünsche und Bedürfnisse eingegangen, wie sein Gegenüber es von ihm erwartet hat. Manchmal verursachte sein Handeln Befremden und Unfrieden. Jesus hat nur das getan, was er seinen Vater im Himmel hat tun sehen (Johannes 5,19). So konnte er bei Zachäus sein und mit ihm zusammen essen und feiern, weil Zachäus und seine ganze Familie sich für Jesus entschieden hatten, während in Jericho zur gleichen Zeit viele Menschen krank waren und manche an ihrer Krankheit starben (Lukas 19,1–10). Jesus wusste, dass sein Freund Lazarus todkrank war und im Sterben lag, und dennoch ließ er nicht sofort alles stehen und liegen, sondern kam erst zwei Tage später zu Lazarus (Johannes 11,1–44).

Das Handeln von Jesus konnte für manche Menschen damals bedeuten, dass sie keinen Frieden, keine Sicherheit und keine Geborgenheit mehr hatten.

Ich hatte in meiner Kindheit als Lebenssystem gelernt, dass ich verantwortlich für die Menschen um mich herum bin. Ich war der Ansicht, dass ich erst dann ein Recht auf Leben hatte, wenn ich mich um ihre Bedürfnisse kümmerte – um ihr Leben, ihren Frieden, ihre Sicherheit, ihre Geborgenheit. Erst nachdem ich mich darum gekümmert hatte, durfte ich leben, mich entspannen und erst dann konnte es mir gut gehen. Diese Art zu denken und den damit verbundenen Lebensstil brachte ich in unsere Ehe mit. Da mein Mann nicht in so einem Familiensystem aufgewachsen ist, irritierte ihn meine konstante Hilfsbereitschaft und mein Empfinden, für alles verantwortlich zu sein.

Ich fragte mich zum ersten Mal: Bestand die Möglichkeit, dass ich mich nicht immer um meine Familienmitglieder sorgen musste? Bin ich etwa nicht für ihr Leben verantwortlich?

Als Königstochter darfst du in Frieden leben. Du bist weder Superman noch Superwoman, daher ist es nicht deine Aufgabe und Verantwortung, die Welt und/oder deine Familie zu retten. Dies hat Jesus schon durch seinen Tod am Kreuz getan.

HERZENSIMPULSE

Was ist dein Impuls, wenn du siehst, dass es jemandem schlecht geht, jemand einen Konflikt hat, jemand ein Problem hat? Fühlst du dich innerlich verantwortlich zu unterstützen, zu klären und zu retten? Kannst du dennoch in Frieden, Sicherheit und Geborgenheit leben, wenn du die Probleme nicht lösen kannst?

Hast du in deiner Ursprungsfamilie schon als Kind Verantwortung für ihr Glück, ihre Gesundheit, ihren Frieden, ihre Sicherheit übernommen? Wie sah deine Verantwortung konkret aus?

Du, Herr,
bist mein Hirte.
Du bist gut. Danke, Vater, dass
du mich leitest und ich mehr und mehr
lerne, von dir zu hören, wann es Zeit ist
zu gehen und wann es Zeit ist auszuruhen.

Hilf mir loszulassen und dir zu vertrauen, dass
du in Kontrolle bist und ich nicht in allem den
Überblick haben muss.
Danke, dass du mich lehrst, vor dir zu sein,
an stillen Wassern zu sitzen und auf
grünen Auen zu liegen und deine
Liebe zu geniessen.
Amen.

B.Z.

SICH SELBST ANNEHMEN

Du sollst deinen Nächsten lieben wie dich selbst.
Matthäus 11,7—8

Die Redewendung „nobody is perfect" kennt jeder. Doch lebst du ein Leben, in dem du dir selbst und deinen Mitmenschen Fehler zugestehst? Was ist dein erster Gedanke, wenn dir ein Fehler passiert? Kommen dir Sätze in den Sinn wie: „Das ist ja vollkommen logisch, dass das mal wieder mir passiert ist.", „Warum immer nur ich?", „Typisch, ich. Wem sonst sollte außer mir so ein Fehler sonst noch unterlaufen?", „Hoffentlich hat niemand gerade mitbekommen, was mir passiert ist!", „Was werden die anderen über mich denken, wenn sie von meinem Fehler erfahren?".

Wie verhältst du dich, wenn dir am Tisch ein Glas umfällt? Ist es dir peinlich? Versuchst du, dein Missgeschick zu überspielen? Bist du wie gelähmt und wartest darauf, dass jemand für dich den Fehler behebt? Versuchst du eine Erklärung dafür zu finden, warum es nicht deine Verantwortung ist, dass das Glas umgefallen ist? Oder erklärst die Umstände, um dich selbst zu rechtfertigen?

Erinnerst du dich, wie deine Eltern mit deinen Fehlern umgegangen sind?

An meinen ersten „großen Fehler" kann ich mich genau erinnern. Ich war sechs Jahre alt. Wir bekamen ein neues Bad eingerichtet. Das Waschbecken, die Toilette und ein Bidet standen zum Anschluss bereit. In dem neuen Bad waren die Fenster höher, so dass ich als sechsjähriges Mädchen, selbst wenn ich mich auf die Zehenspitzen stellte, nicht hinausschauen konnte. Meine Eltern verboten mir, auf das noch nicht angeschlossene Bidet zu klettern.
Ich hatte mitbekommen, dass meine Eltern auf den Installateur warteten. Wenn ich aus dem Fenster des Bades schauen könnte, würde ich ihn vielleicht als Erste sehen und meinen Eltern die Nachricht überbringen können,

dachte ich mir. Die Verlockung war zu groß. Es kam, wie es kommen musste. Ich kletterte darauf und fiel zusammen mit dem Bidet auf den Boden. Schnell stellte ich es wieder auf. Flüchtig nahm ich einen Sprung wahr, der sich durch das Bidet zog. Doch es schien noch ganz zu sein, schließlich war es nicht in zwei Stücke auseinandergefallen.

Mein Herz klopfte bis zum Anschlag. Ich traute mich nicht, meinen Eltern meinen Fehler zu erzählen. Ich schämte mich und hatte vor einer möglichen Strafe Angst. An die Strafe kann ich mich nicht mehr erinnern. Jedoch weiß ich noch ganz genau, dass ich meinen Vater anlog, als er mich fragte, ob ich es gewesen sei. Meine Eltern dachten daher, dem Installateur sei das Bidet kaputt gegangen. Er stritt es verständlicherweise ab. Trotzdem wollten sie ihm das Bidet in Zahlung stellen.

Als ich das hörte, fing ich heftig zu weinen an. Ich schluchzte mit hochrotem Kopf: „Ich war das, ich war das. Der Mann hat keine Schuld."
Mein Vater sagte: „Du hast uns tief enttäuscht. Wir haben nie gedacht, dass du so etwas tun würdest." Meine Mutter sprach mehrere Tage kein Wort mit mir. Sie ignorierte mich. Ich versuchte, mich auf vielfältige Weise zu entschuldigen, jedoch schienen meine Worte nicht zu ihren Herzen durchzudringen.

In meinen Augen hatte ich versagt. Ich war untröstlich darüber, dass ich keinen Zugang zu den Herzen meiner Eltern fand. Es sah so aus, als sei dieser Fehler unverzeihlich. Ich schämte mich. Ich verurteilte mich selbst. Ich lehnte mich ab. Wie konnte ich nur meine Eltern anlügen? Ich empfand für mich nur Selbsthass und Selbstverachtung. Immer, wenn ich an dieses Ereignis dachte, brannte ein Feuer der Scham in mir. Ich stellte mir die Frage: „Warum bin ich eine so schlechte Tochter?"

Als Königstochter darfst du dich annehmen, wie du bist, denn Vater Gott liebt dich, ohne Bedingungen an dich zu stellen.

HERZENSIMPULSE

 Wie reagierst du, wenn dir ein Fehler passiert?

 Wie haben deine Eltern, deine Geschwister oder deine Großeltern auf Fehler oder Missgeschicke reagiert, die dir als kleines Mädchen geschehen sind?

 Wie haben deine Eltern reagiert, wenn du dich für einen Fehler entschuldigt hast?

 Was sagt Vater Gott zu dir, wie er mit deinen Fehlern und deiner Sünde umgeht?

Selbstannahme ist die innere Haltung: "Das bin ich –
Danke Gott!"

Jede Frau hat ihre persönliche Herausforderung, die
Aufforderung Jesu, sich selbst zu lieben, anzunehmen.
Die einen sind mit ihrem Körper oder ihrem Aussehen
unzufrieden, andere haben Probleme, ihre Begabungen zu
sehen oder fühlen sich wertlos und unbedeutend.

Selbstannahme und Selbstakzeptanz gehören zusammen.
Wenn Jesus einlädt, uns zu akzeptieren, uns zu lieben,
so anzunehmen, wie wir sind, dann will er das Beste.
Er sagt: "Du musst nichts leisten, um gut zu sein! So wie
du bist, bist du gut." Jesus wünscht, dass wir zur Ruhe
kommen, Souveränität und Selbstsicherheit ausstrahlen.
Er will uns von Selbstvorwürfen, von unproduktiven,
zerstörerischen und herabwürdigenden Selbstgesprächen
befreien. Bei ihm haben diese entwertenden Gedanken
keinen Platz. Für Jesus sind wir schon jetzt vollkommen
okay. So können wir, wie er, gute Gedanken über uns haben.

Sich anzunehmen heisst, liebevoll mit sich zu sein, so wie
Jesus: sich wohlwollend und wertschätzend anschauen
(auch im Spiegel). Sich selbst lieben heisst, mit sich zu
versöhnen und schlussendlich mit Gott, unserem Schöpfer.

Selbstannahme stärkt das Selbstbewusstsein, verändert den
Blick auf das Leben. Weg von Defiziten, hin zu all dem,
was ist. Sich selbst annehmen zu lernen, kann hilfreich sein
für Zeiten, in denen Beruf, Aussehen, soziale Stellung,
Gesundheitszustand nicht zählen. Gerade dann gilt:

"Das bin ich – Danke Gott!"

A.H.

MEINEN KÖRPER WERTSCHÄTZEN

Du hast mich geschaffen — meinen Körper und meine Seele, im Leib meiner Mutter hast du mich gebildet.

Psalm 139,13

Wie siehst du dich, wenn du in den Spiegel schaust? Was ist morgens beim Blick in den Spiegel dein erster Gedanke? Kannst du dich im Bikini oder nackt im Spiegel anschauen? Kannst du von Herzen sagen: „Ich danke dir, Gott, dass ich wunderbar gemacht bin?"

Es gab eine Zeit in meinem Leben, in der ich meinen Körper hasste und ihn am liebsten nicht spüren wollte. Damals hing ein Spiegel gegenüber meinem Bett. Ich lehnte mich so sehr ab, dass ich schon morgens beim Aufstehen auf mich wütend war, wenn ich mich im Spiegel sah. Ich hielt es nicht aus, mein Spiegelbild anzuschauen. Leider war es nicht möglich, den Spiegel zu entfernen. Das wäre mir am liebsten gewesen. Da Not erfinderisch macht, hängte ich den Spiegel mit einem Tuch ab.
Es gab keinen einzigen Teil meines Körpers, den ich damals liebte: Meine Haarfarbe gefiel mir nicht. Meine Oberarme fand ich zu dick. Die Oberschenkel waren nicht schlank genug. Meine Haut fand ich zu großporig. Selbst meine Finger nahm ich als zu kurz wahr.

Es war wie ein Ritual, das in mir innerlich ablief, wenn ich morgens aufstand. Ein Kreislauf, aus dem ich alleine nicht herauskam.

Ich hatte eine Mängelliste mit den Dingen, die ich an meinem Körper nicht mochte. Täglich überprüfte ich diese Liste.
Eine quälende Fragte nagte in meinem Inneren: Warum hatte Gott manche Frauen so unendlich schön erschaffen? Es kam mir so vor, als hätte Gott bei

meinem Körper die „restlichen Ersatzteile" verwendet, die ihm zur Verfügung standen. Ich fühlte mich in meinem Körper nicht wohl. Ich war von Gott zutiefst enttäuscht.

Vater Gott hat eine komplett positive Perspektive und Wahrnehmung in Bezug auf deinen Körper. Als er Eva geschaffen hat, war sie vollkommen (Genesis 1). Das bedeutet, Vater Gott hat nichts Hässliches an ihr geschaffen.

In den Augen Gottes ist jede Königstochter wunderschön. Im Neuen Testament wird unser Körper mit einem Tempel verglichen, in dem der Heilige Geist wohnt (1.Korinther 3,16). Als Königstochter sind wir ein Tempel des Heiligen Geistes. Unser Körper ist der Ort, in dem Gott wohnt.

Daher enthält „Meinen Körper wertschätzen" noch weitere Gesichtspunkte und wichtige Aspekte, über die es lohnt nachzudenken:

- mein Körper und mein Umgang mit meiner Sexualität,

- mein Körper und mein Essverhalten,

- mein Körper und meine Nahrungsmittelauswahl,

- mein Körper und mein Lebensrhythmus von Arbeit und Ausruhen,

- mein Körper und mein Sport.

Dein Wohlfühlen in deinem Körper hängt damit zusammen, wie du als Mädchen und Jugendliche erlebt hast, wie deine Mutter mit ihrem Körper umgegangen ist.

Vater Gott sehnt sich danach, dass du dich als Königstochter in deinem Körper wohlfühlst.

HERZENSIMPULSE

❧ Welche Gedanken gehen dir beim Betrachten deines Spiegelbildes durch den Kopf?

❧ Schreibe deinem Körper einen Brief. Was gefällt dir an ihm? Welche Schönheitsoperation würdest du gerne durchführen lassen? Würdest du dich danach besser und schöner fühlen?

Gott hat meinen Körper mit all seinen Bedürfnissen geschaffen und er sagt: „Er ist gut."

EINZIGARTIG SEIN

Gott hat dich zu etwas Besonderem auserwählt.

Lukas 1,30

Meine Sehnsucht ist, die Welt zu prägen und zu verändern. Ich sehne mich danach, dass meine Umwelt und meine Mitmenschen, denen ich begegne, spüren und sehen, dass ich anders bin, dass mein Leben anders ist. Mein Wunsch ist, dass die Menschen durch mein Leben erkennen, dass Vater Gott sie unendlich liebt und sich nach einer Beziehung mit ihnen sehnt, die frei von Furcht ist.

Nicht immer hatte ich die Sehnsucht, aus der Masse herauszustechen.

Als kleines Mädchen war ich extrem schüchtern. Ich mochte es nicht, wenn mich jemand ansprach. Sollte ich auf der Post einen Brief abgeben, übte ich diese Situation unendlich viele Male zu Hause, bevor ich mich auf den Weg machte. Ich hatte Angst, der Postbeamte könnte mir eine Frage stellen, auf die ich keine Antwort wusste. Ich stellte mir vor, wie alle Leute um mich herum dann abwertend den Kopf schütteln würden.

Während meiner Schulzeit nahm diese Angst nicht ab, sondern vergrößerte sich. Besonders wenn ein Lehrer mich auf einen Fehler hinwies, war mir dies extrem unangenehm. Ich bekam einen roten Kopf. Mein Rotwerden hing nicht nur mit dem Fehler und meinem Gefühl des Versagens zusammen, sondern auch damit, dass ich dadurch auffiel – aus der Masse herausstach.
Ein Kreislauf entstand, denn mit dem roten Kopf nahm man mich noch mehr war. Doch ich wollte nicht auffallen, nicht bemerkt werden.

So seltsam es erscheinen mag, gleichzeitig litt ich darunter, dass ich in allem nur Mittelmaß war. Meine Wahrnehmung war, dass ich alles mittelmäßig konnte. Ich war in der Schule sowie im Ballett Durchschnitt.

Einerseits wollte ich nicht aus der Masse herausstechen, andererseits litt ich darunter, keine außergewöhnliche Begabung zu haben.

Wenn in deinem Herzen die Sehnsucht nach Einzigartigkeit liegt, danach, etwas Unverwechselbares zu tun, dann spiegelt dies etwas wider, was Gott als dein Schöpfer in dich hineingelegt hat. Gott hat bei der Erschaffung der Welt einen entscheidenden Unterschied zwischen uns Menschen und dem Rest der Schöpfung gesetzt, denn wir sind in seinen Augen sehr gut (Genesis 1).

Als Vater Gott uns Menschen geschaffen hat, schaute er uns mit leuchtenden Augen an. Seine Augen strahlten vor Wohlwollen, Güte und Liebe zu uns. Deine Art zu lieben ist einzigartig. Dein Lachen ist einzigartig. So wie du deinen Nächsten ermutigst, ist einzigartig. Wie du deine Mitmenschen tröstest, ist einzigartig. Die Art, wie du denkst, ist einzigartig. Deine Liebe ist einzigartig. Deine Würde ist einzigartig. Deine Ideen und Träume sind einzigartig.

Vater Gott ist begeistert über dich als seine Königstochter, weil er wusste, dass es dich nur ein einziges Mal auf der Welt geben wird. Niemals zuvor und niemals danach wird es eine Frau wie dich geben. Du bist einzigartig. Du bist zu etwas Besonderem auserwählt.

HERZENSIMPULSE

🦋 Schreibe zehn Dinge auf, in denen du einzigartig bist.

🦋 Wenn du diese zehn Dinge gefunden hast, stelle dich vor einen Spiegel, schaue dich an und sage laut:
„Vater Gott hat mich erschaffen und das ist wunderbar. Er hat mich auserwählt, seine Tochter zu sein, und deswegen bin ich einzigartig. Ich bin einzigartig und wunderbar (Genieße diese Aussage!) und ich kann ..." (Nenne diese zehn Dinge.)

EINZIGARTIG

Ich frag mich stumm „Bin ich genug?"
und spüre schnell „Ist alles Trug!
Du kannst dich bemühen, es drehen und wenden,
final wirst du doch in der Ecke enden."

Du bist nichts Besond'res, kein Einzelstück,
glaub nicht, du hättest hier auch mal Glück.
Die and'ren sind schöner und besser und so
sind schlauer, geschickter und haben den Flow.

Und auch der Spiegel hilft hier nicht,
er zeigt mir nur das große Gewicht.
Sein Abglanz erinnert an jeden Spruch,
Scham und Schuld; nein – kein Durchbruch.

Doch immer mal wieder da kitzelt es sacht,
ein fröhliches Murmeln, als ob jemand lacht.
Und wenn ich dem nachspür und vorsichtig lausche,
dann hör ich dich singen, fast wie im Rausche.

Dein Lied und dein Tanz, sie gelten mir.
Du umwirbst mich voll Freude im Jetzt und Hier.
Dein Blick sagt laut „Du bist perfekt!
Komm heraus aus deinem Versteck!
Zeig aller Welt, wie schön du bist,
und glaub nicht länger dem alten Mist."

Ganz langsam zerbröckelt meine Fassade,
ich lasse mich ein auf die neuen Pfade
und lerne, mich selbst ganz neu zu betrachten
mit deinen Augen, die mich einst machten.

S.B.

ENTDECKEN MEINER SCHÄTZE

Ich gehe vor dir her und räume dir
alle Hindernisse aus dem Weg.
Ich zertrümmere die bronzenen Stadttore und
zerbreche ihre eisernen Riegel.
Die verborgenen Schätze und die versteckten Reichtümer
gebe ich dir.

Jesaja 45,2—3

Beim Nachdenken darüber, wie verborgene Schätze oder versteckte Reichtümer aussehen könnten, kamen mir Diamanten in den Sinn. Das Wort „Diamant" hat seinen Ursprung im Lateinischen bzw. Griechischen und bedeutet „unbezwingbar".
Stell dir einen Diamanten vor, der in der Erde liegt. Er sieht vielleicht eher wie ein Erdklumpen aus und ist leicht zu übersehen. Aber er ist ein Diamant. Nur strahlt und funkelt er noch nicht. Er muss zunächst entdeckt, gesäubert und geschliffen werden.

Deine verborgenen Schätze können Gaben und Talente sein, die in dir versteckt sind. In welchem Bereich bist du begabt?
Deine Gaben können zum Beispiel im Kreativen liegen wie Malen, Schreiben, Singen, Kochen, Komponieren, Backen, ein Musikinstrument spielen, Nähen, Designen; im Sportlichen wie Tanzen, Fechten, Fußballspielen, Klettern, Hockeyspielen, Rudern oder sich in weiteren Bereichen wie Organisieren, Erklären, Lehren, Ermutigen, Trösten, Zuhören oder Computer programmieren.

Als junges Mädchen begann ich, Tagebuch zu schreiben. Ich füllte Seite um Seite mit meiner Trauer, dass ich in nichts begabt sei. Von meiner Umwelt erhielt ich keine Rückmeldungen oder Bestätigungen in Bezug auf meine Gaben und Talente. Wenn mich jemand fragte, was ich besonders gut konnte, zuckte ich die Schultern und flüsterte leise mit einer großen Traurigkeit: „Das weiß ich nicht."

Voll Sehnsucht schaute ich auf das Leben meiner Freundinnen, die alle eine besondere Begabung oder ein Talent zu haben schienen. Ich fragte mich ernsthaft, ob es sein könnte, dass Gott bei mir eine Ausnahme gemacht hatte und vergessen hatte, mir Gaben und Talente zu geben. Waren sie ihm vielleicht ausgegangen? Meine Wahrnehmung erschien mir stimmig, denn ähnliche Gedanken besaß ich über meinen Körper.

Trotzdem schlummerte in mir ein Wunsch, der in meinen Augen so seltsam war, dass ich ihn mit niemandem teilte:

Als ich im Grundschulalter meine erste Kinderbibel bekommen hatte, las ich sie mit Leidenschaft. In mir erwachte ein Traum, dass ich gerne ein Buch zur Bibel schreiben würde. Wie gut, dass mir damals niemand sagte, dass dies unmöglich ist.

Ich besaß eine große Liebe für Sprache, Bücher und zur Literatur. Innerhalb von ein bis zwei Tagen konnte ich ein Buch mit mehreren hundert Seiten lesen. Mich faszinierte die Tatsache, dass sich durch ein Buch für den Leser eine vollkommen neue Welt eröffnete. Dies alles wahrzunehmen und meine Leidenschaft für Literatur erachtete ich als nichts Besonderes.

Jahre später sagte im Gymnasium eine Lehrerin vor der gesamten Klasse zu mir, dass ich vielleicht viele Begabungen besäße, ich jedoch zur Journalistin oder Autorin nicht geeignet wäre. Mein Traum schien für immer begraben zu sein.

Auf meiner persönlichen Reise der inneren Heilung und Wiederherstellung meiner Identität erkannte ich viele Schätze, die Gott in mich gelegt hat, und die schon immer da gewesen waren. Sie waren durch den Staub meiner inneren Verletzungen jahrelang verdeckt.

Jede Königstochter besitzt etwas Strahlendes, denn jede trägt ihre Diamanten, die Gaben und Talente in sich. Die Diamanten, die Vater Gott in dich als Königstochter gelegt hat, sind Unikate, die es nur ein einziges Mal auf der

Welt gibt und geben wird. Niemals zuvor und niemals danach wird es eine Frau wie dich geben. Du bist einzigartig.

HERZENSIMPULSE

🦋 Wie hast du als Mädchen deine Talente und Gaben, also deine Schätze, entdeckt?

🦋 Wie hat dich deine Familie in deinen Gaben und Talenten gefördert?

🦋 Welche Schätze möchtest du jetzt heben?

🦋 Was könntest du tun, damit deine „Lebensdiamanten" sichtbar werden und strahlen?

🦋 Wie hat dir Vater Gott seine Liebe gezeigt?

ICH GEHE VOR DIR HER
UND RÄUME DIR
alle HINDERNISSE AUS DEM WEG.
ICH ZERTRÜMMERE DIE
BRONZENEN STADTTORE
UND ZERBRECHE IHRE EISERNEN RIEGEL.

Die verborgenen Schätze

und die versteckten Reichtümer

gebe ich dir.

JESAJA 45:2-3 (HFA)

D.D.

BEGABUNGEN UND TRÄUME LEBEN

*Denn ich allein weiß, was ich mit euch vorhabe:
Ich, der Herr, werde euch Frieden schenken und
euch aus dem Leid befreien. Ich gebe euch wieder
Zukunft und Hoffnung.*

Jeremia 29,11

Welche Träume hattest du als kleines Mädchen? Wolltest du Balletttänzerin werden? Wolltest du Tierärztin werden oder in die Serengeti gehen, um dort die bedrohte Tierwelt zu retten? Wolltest du eine Organisation für Waisenkinder gründen?

Nimm dir ein paar Minuten Zeit und erinnere dich an deine Träume aus deiner Kindheit.

[Vielleicht fallen dir konkrete Träume oder Situationen ein, in denen du als kleines Mädchen oder Jugendliche jemand von deinen Träumen erzählt hast. Überlege dir, ob du die Dinge, an die du dich erinnerst, aufschreiben magst.]

Was ist aus deinen Träumen geworden? Sind deine Träume aus deiner Kindheit gestorben, bevor sie Gestalt gewinnen konnten, weil es niemanden in deiner Umwelt gab, der dich und deine Träume ernst genommen hat? Hast du Sätze gehört wie: „Träume sind Schäume.", „Schuster, bleib bei deinen Leisten?" Bekamst du so etwas vor allem dann zu hören, wenn deine Ideen ungewöhnlich und auf den ersten Blick vielleicht unrealistisch waren?

Mit vielen meiner Träumen konnten meine Eltern nichts anfangen. Sie haben ihnen Angst gemacht und sie zutiefst verunsichert. Sie verstanden mich nicht. Daher entschied ich mich, meine Träume für mich zu behalten. Ihr Wunsch an mich war, so „normal" wie die restlichen Menschen in ihrer Umgebung zu sein. Meine Träume zum Beispiel in Bezug auf meinen Beruf waren aus meiner Sicht nicht wirklich abenteuerlich, denn ich hätte gerne Innenarchitektur studiert. Dies konnten sich meine Eltern jedoch nicht vorstellen. Der Beruf einer Innenarchitektin war für sie Ausdruck eines Luxuslebens, das wir nicht führten. Aus ihrer Sicht bot dieser Beruf keine finanzielle Absicherung. Wer würde eine Innenarchitektin für die Gestaltung einer Wohnung oder eines Hauses beauftragen? Sie wünschten sich, dass ich einen soliden und sicheren Beruf ergreifen sollte. Ihr Traumberuf für mich war Bankkauffrau. Sie wollten, dass ich immer genug Geld in meinem Leben habe, damit ich materiell versorgt bin. Heute ahne ich, dass ihr Wunsch durch die nicht verarbeiteten traumatischen Erlebnisse während des 2. Weltkrieges geprägt war, in denen sie selbst finanziellen Mangel erlebt haben.

Auf meiner persönlichen Reise als Königstochter konnte ich meinen Eltern vergeben, dass sie mich mit meinen Träumen nicht ernst nahmen, nicht förderten und nicht verstanden.

[Wenn du Ähnliches erlebt hast, kann es heilsam sein, die Reise-Etappe „Meine Familiensysteme" zu lesen.]

Vater Gott, der dich als seine Königstochter geschaffen hat, legte in dich einen Samen. Es ist nicht nur ein Körnchen, sondern eine große Saat an Träumen. Durften die Träume Gottes in deinem Leben, die er in dich gesät hat, wachsen? Um einen Traum zu leben, brauchst du Hoffnung und Vertrauen. Hoffnung und Vertrauen in deinen himmlischen Papa, dass er dich ernst nimmt, dass du ihm genauso wichtig bist wie Madame Curie, Margarete Steiff oder Heidi Baker.

[Wenn du merkst, dass für dich Träume etwas sind, was du dir nicht (finanziell) leisten kannst oder du dir nicht erlaubst, weil Träume letzten Endes doch nur Schäume sind, möchte ich dich einladen, dir zu überlegen, ob du in den Reise-Etappen „Gott, mein Vater, der mich tröstet" und „Gott, mein Vater, der stolz auf mich ist" weiterliest.]

Gott hat unaufhörlich, aus dem Nichts, die Dinge geschaffen. Er hat die Dinge, die im Himmel von Ewigkeit an existierten auf die Erde ins Sichtbare ge-

holt. Dinge, die es vorher auf der Erde nicht gab, die nicht existierten. So ist es auch mit deinen Träumen. Deine Träume sind wertvoll.

Vater Gott hat in dich als seine Königstochter Träume hineingelegt. Wenn du diese lebst, werden dadurch Menschen wiederum Gott erkennen.

HERZENSIMPULSE

🕊 Welche Träume von dir sind kaputtgegangen?

🕊 Weche Träume möchten in deinem Leben wachsen und in Existenz kommen?

🕊 Wie kann der Traum in dir lebendig werden und bleiben?

🕊 Nimm dir Zeit, zusammen mit Gott zu überlegen, wie dein Traum lebendig werden kann.

🕊 Höre ihm zu und schreibe auf, welchen Eindruck du hast und was er dir sagt.

C.M.

LEBENSRHYTHMUS ENTWICKELN

Sechs Tage sollst du arbeiten;
am siebenten Tage sollst du ruhen, auch in der Zeit
des Pflügens und des Erntens.

Exodus 24,31

Als Königstochter darf ich in dem Lebensrhythmus leben, den Vater Gott für mich bereithält. Es ist ein Rhythmus, den er bei der Erschaffung der Welt in uns hineingelegt hat, den Wechsel von Anspannen und Enspannen. Genau in dieser Weise schlägt unser Herz: anspannen und entspannen.
Er zeigt uns, was er sich für ein Leben für uns wünscht. Er war sechs Tage lang schöpferisch kreativ und nahm sich den siebten Tag zur Ruhe (Genesis 2,3), obwohl er selbst keinen Schlaf braucht (Psalm 121,4). Er gönnte sich einen Tag Pause. Liebevoll weist Vater Gott uns auf das zur Ruhe kommen nochmals in den Zehn Geboten hin (Exodus 24,31).

Wenn wir als Königstöchter vollkommen im Lebensrhythmus Gottes leben wollen, gehören Oasen zu unserem Leben dazu, denn für ihn war die Schöpfung durch das Ruhen vollendet.

Momentan entdecken viele Menschen diesen von Gotte geschaffenen Lebensrhythmus, wenn sie von einer „Work-Life-Balance" sprechen. Um uns herum herrscht oft ein Zustand der Ruhelosigkeit und des Stresses. Das ist ein Takt, den wir kennen, der uns aber nicht gut tut und nicht das ist, was Vater Gott für uns bereithält.

Ich liebe meinen Mann. Einer der Gründe dafür ist, dass er für sich eine „Work-Life-Balance" gefunden hat. Er weiß, wie wichtig für uns Oasen im Alltag sind. Für mich sind Oasen im Alltag, in einem Café zu sitzen und einen Kaffee zu trinken oder eine meiner Herzensfreundinnen zu treffen. Er ermutigt mich immer – oft im größten Stress – trotz allem eine Pause zu machen und Atem zu holen. Ich bekomme von ihm zwischendurch einen Anruf oder eine Whatsapp. Oft liegt ein Zettel auf dem Frühstückstisch, den er mir, bevor er zur Arbeit geht, deckt, mit: „Guten Morgen, gönn dir eine Pause, geh einen Kaffee trinken und genieße den Tag."

Es gab eine Zeit in meinem Leben, in der ich nicht wirklich Oasen in meinem Leben einbauen konnte. In meiner Familie habe ich gelernt, dass ich geliebt bin, wenn ich funktioniere, wenn ich „arbeite" und fleißig bin wie meine Eltern. Als Jugendliche hatte ich die bekannten Phasen des langen Ausschlafens und Liegenbleibens im Bett an den Wochenenden und in den Ferien. Doch wirklich entspannt habe ich mich dabei nie. Ich hatte immer ein schlechtes Gewissen dabei, weil ich wusste, was meine Eltern von diesem „Faulsein" hielten. Diese inneren Antreiber verdarben mir letztendlich jede meiner Ruhephasen. Meine Sehnsucht nach Annahme durch meine Eltern war größer als meine Sehnsucht nach meinen Ruhephasen, so machte ich mein „Faulsein" immer wieder „gut", indem ich im Garten arbeitete, Kuchen backte oder Auto putzte.

Auf meiner Reise als Königstochter habe ich die „Wahrheit" meiner Kindheit der Wahrheit von Vater Gott entgegengestellt. Ich habe meinen Eltern vergeben können, dass sie mir vermittelt haben, „Ausruhen" und „Faulsein" sei miteinander gleichzusetzen.

[Was du hier innerhalb weniger Sekunden liest, war für mich ein wertvoller Prozess, in dem ich mich kennen- und lieben gelernt habe.]

Das Herz Vater Gottes springt vor Freude, wenn du als Königstochter in seinem Lebensrhythmus von Arbeit und Ausruhen bzw. von Anspannen und Entspannen lebst, denn dadurch gehst du liebevoll und wertschätzend mit deinem Körper und deiner Seele um.

HERZENSIMPULSE

 Was haben dir deine Eltern in Bezug auf „Ausruhen" vermittelt?

 Wenn du in dir keine Ruhe hast, du dir selbst keine Pause und Oase gönnen kannst, möchte ich dich einladen, dir zu überlegen, was der Grund hierfür sein kann. Vater Gott lädt dich ein, nach seinem Rhythmus zu leben.

 Auszuruhen und Oasen zu haben heißt, Grenzen zu setzen. So wie eine Oase eine Grenze zur Wüste setzt. Jede Oase setzt eine Grenze zur Arbeit. Wie sieht deine Oase aus? Beginne damit, dir jeden Tag eine kleine Oase in deinen Tag einzubauen. Ich lade dich ein, Grenzen für deine Oasen zu setzen!
[Wenn du spürst, dass in deinem Leben „Grenzen setzen" ein Thema ist, möchte ich dich einladen, das Kapitel „Grenzen setzen" zu lesen.]

Vater
im Himmel, es gibt Zeiten,
da fällt es mir leicht, Grenzen zu
setzen, und dann gibt es wiederum Momente,
da fällt es mir schwer. In mir ist Zweifel:
"Darf ich Nein sagen?
Darf ich eine Grenze für mich setzen?"
Deshalb bitte ich dich, zeige mir, warum ich manchmal noch
Schwierigkeiten habe, ohne schlechtes Gewissen Grenzen für
mich zu setzten. Ich bitte dich, zeige mir, wo ich einer
Lüge glaube und was deine Wahrheit darüber sagt.
Denn ich weiss,
je mehr ich in meine Identität hineinwachse
wird mein Herz immer mehr heil und
die anklagenden Stimmen werden
verstummen.
Amen.

B.Z.

AUFSTEHEN UND STRAHLEN

Steh auf, werde Licht!
Denn dein Licht ist gekommen und die Herrlichkeit
des Herrn ist über dir aufgegangen.

Jesaja 60,1 (Elb)

Hildegard von Bingen und Anne Frank sind zwei Frauen, die die Weltgeschichte sehr unterschiedlich geprägt haben. Zwischen den beiden liegen fast 900 Jahre und dennoch haben sie etwas gemeinsam. Sie haben sich entschieden, aufzustehen und zu strahlen.

Frauen, unabhängig davon, in welchem Jahrhundert sie gelebt haben oder noch leben, die durch Vater Gott ihre Schönheit gefunden haben, werden die Welt in einer Art verändern, wie es niemand sonst tun kann.
Sie werden aufstehen und in ihrer Schönheit strahlen. Eine Schönheit, die frei ist von Angst, Machtkämpfen, Missbrauch, Kontrolle und Konkurrenz. Eine Schönheit, die den Schöpfer widerspiegelt. Eine Schönheit, die schön und kraftvoll ist. Diese Schönheit zu leben, braucht Mut.

Wenn du dich manchmal in deiner Haut als Frau nicht wohl fühlst, du unsicher in deiner Identität und deiner Weiblichkeit bist, kann es sein, dass du ursprünglich von einem Elternteil oder von beiden abgelehnt wurdest. Vielleicht hatte man in deiner Familie auf einen Stammhalter gehofft oder die Ultraschallbilder haben „eindeutig" gezeigt, dass ein Junge im Bauch der Mutter heranwächst.

Als Gott Adam und Eva erschuf, gab es keine Ablehnung. Es existierten nur Liebe und vollkommene Annahme.
Vater Gott war stolz auf Adam und er war stolz auf Eva. Es gab keine Konkurrenz im Garten Eden. Adam und Eva waren gleich wertvoll, obwohl sie ver-

schieden waren. Beide ruhten in ihrer Identität, die Gott ihnen gegeben hatte. Diese gab ihnen Freiheit. Konkurrenzdenken und „sich gegenseitig beweisen müssen" war ihnen fremd. Sie hatten keinen Mangel. Die Verschiedenheit zwischen Mann und Frau liebte Gott, sonst hätte er sie nicht so kreiert. Er hat keinen Fehler gemacht. Sein Fazit war: sehr gut.

Diese Unterschiedlichkeit ist kostbar und gleichzeitig herausfordernd. Sie hat seit dem Sündenfall dazu geführt, dass unendlich viel Leid, Schmerz und Ungerechtigkeit entstanden sind. Menschen wurden vernichtet und gequält. Lebensgeschichten wurden zerstört. Familien wurden auseinander gebracht.

Es ist Zeit, dass diese Unterschiedlichkeit wieder in Männern und Frauen erwacht, ohne dass dadurch Unrecht geschieht. Der Tod Jesu am Kreuz hat uns Menschen die Möglichkeit gegeben, wieder so zu leben. Er schlägt die Brücke zu dem, was Gott von Anbeginn der Welt für uns bereithält – eine Beziehung zum ihm – frei von Konkurrenz. Wir können in eine Liebesbeziehung zu Vater Gott gelangen, die frei ist von jeglicher Angst und Furcht. Wir können wieder in unsere Identität kommen, Königstochter und Königssohn sein.

Du hast der Welt etwas zu geben, was sie nicht kennt. Du darfst eine Frau sein, die stolz darauf ist, eine Frau zu sein. Eine Frau, die sieht, dass es in der Welt noch Ungerechtigkeit zwischen Männern und Frauen gibt, die dadurch aber nicht motiviert wird, sich an der Männerwelt zu rächen oder der Welt zu zeigen, dass Frauen besser oder wertvoller sind als Männer. Eine Frau, deren Sehnsucht es ist, aufzustehen und in der Schönheit zu strahlen, die Gott in sie hineingelegt hat. Nicht jeder wird diese Schönheit lieben, denn sie ist nicht kontrollierbar. Doch es geht nicht darum, ob jeder die Schönheit der Königstöchter umarmen wird. Es geht, darum dass Königstöchter in ihrer Berufung leben, denn dadurch wird sich die Welt verändern.

Du kannst als Königstochter in deine Berufung, Gottes Ebenbild zu sein, zurückkommen, wenn du aufstehst und strahlst.

HERZENSIMPULSE

🦋 Was liebst du an deinem Frausein?

🦋 Haben sich dein Vater und deine Mutter darüber gefreut, dass du ein Mädchen bist?

🦋 Gab es Momente in deinem Leben, in denen du dir schon einmal gewünscht hast, lieber ein Junge oder ein Mann zu sein?

🦋 Wie erlebst du die Unterschiedlichkeit zwischen Frauen und Männer in deinem Alltag? Wie erlebst du sie in deiner Gemeinde? Wirst du in deinem Frausein gestärkt und ermutigt?

🦋 Welche Werte gibst du deinen Kindern, besonders deiner Tochter, mit?

Dieser Moment ... Du bist müde und räumst die Spülmaschine aus. Damit es etwas netter ist, machst du noch Musik an. Und plötzlich steht dein Papa hinter dir und streckt die Arme nach dir aus. Du lässt das Geschirrhandtuch fallen und sinkst neben der offenen Spülmaschine in die Knie, läufst in Seine Arme, kletterst auf Seinen Schoß, lässt Tränen zu – der Erleichterung, Erschöpfung, Freude. Es kehrt Frieden ein.

Der König selbst streicht dir über die Haare und flüstert dir ins Ohr: Meine Schöne. Ich bin SO froh, dass es DICH gibt. An genau DICH habe ich gedacht, als ich aus dem Grab gestiegen bin. Ich konnte es nicht erwarten, meine Tochter zu genießen. Nimm' all meine Liebe. Der Platz wird nicht reichen. Du wirst überfließen. Platzen. Strahlen! Nun los! Geh' spielen! Zeig's ihnen!

Du kommst wieder zurück in deine Küche. Räumst die Spülmaschine weiter aus. Genau wie vorher. Und doch ist alles anders.

ALS KÖNIGSTOCHTER ERBLÜHEN

Ihr werdet voller Freude das Land eurer Gefangenschaft
verlassen und wohlbehütet in eure Heimat zurückkehren.
Berge und Hügel brechen in Jubel aus,
und die Bäume am Weg klatschen in die Hände.
Anstelle der Dornenbüsche wachsen Zypressen,
und wo heute Brennnesseln wuchern,
schießen Myrtensträucher empor. Dadurch wird mein
Name überall bekannt. Mit eurer Heimkehr setze ich
für immer ein Zeichen, das nicht mehr aus der Welt zu
schaffen ist.

Exodus 24,31

In anderen Worten heißen die Verse aus Jesaja: Du wirst voller Freude das Land deiner Gefangenschaft, die Bereiche in deinem Leben, in denen du dir wie eine Sklavin vorkommst, in denen du dich wie eingesperrt fühlst, verlassen.

Du wirst wohlbehütet in deine Heimat bei Gott ankommen und ihn als den kennenlernen, der er ist: dein dich liebender Vater.
Anstelle der Schmerzen, der Verletzungen, die dich geprägt und verändert haben, kommst du hervor, wie du wirklich bist, wunderschön und strahlend.

Durch das, was in deinem Leben an Heilung und Wiederherstellung geschieht, werden Menschen erkennen, dass Gott ein liebender Vater ist. Aufgrund deiner Veränderung wird jeder erkennen, dass dies nicht einfach mit menschlichen Anstrengungen zu erklären ist, sondern durch die Liebe von Vater Gott.

Anstelle der Dornenbüsche wachsen Zypressen und wo heute Brennnesseln wuchern, schießen Myrtensträucher empor.

Ich kann mich noch daran erinnern, wie ich mit meinen Eltern im Garten gearbeitet habe. Ich war gerne draußen. Nur eines habe ich gehasst, das Unkrautjäten. Es dauerte für mich eine gefühlte Ewigkeit. Trotzdem gab es diese Glücksmomente, wenn ich ein unscheinbares Unkraut mit riesiger Wurzel aus dem Boden gezogen habe, weil ich genau wusste, an dieser Stelle wird es dieses Unkraut nicht mehr geben.

Über die Jahre kann durch Verletzungen, durch schmerzhafte Erlebnisse, durch Sätze, die wir in unserer Kindheit und Jugend gehört haben, in unserem Herzen Unkraut wachsen. Diese Dinge können in unserem Herzen groß geworden sein. Es sind möglicherweise Sätze und Gedanken wie: „Ich bin nicht so gut wie andere Frauen.", „Ich bin zu jung.", „Ich bin zu alt.", „Ich bin nicht hübsch.", „Ich bin keine gute Mutter." oder „Mich mag man nicht als Freundin.".

Was für eine Zusage: Genau an der Stelle von Dornenbüschen sollen wohlriechende Myrtensträucher wachsen. Die Myrte als Heilpflanze wirkt unter anderem entzündungshemmend und schmerzlindernd. Sie steht als Symbol für Frieden und Segen. Beim Laubhüttenfest wird ein Myrtenzweig mit verschiedenen Pflanzen als Strauß gebunden und als Zeichen für Gottes Gegenwart in alle Himmelsrichtungen gezeigt.

Vater Gott sehnt sich danach, dass du als Königstochter aufblühst wie eine Blume, einzigartig und schön, weil er in dich etwas hineingelegt hat, das nur du leben kannst.

HERZENSIMPULSE

 Was sind deine Unkrautsätze?

 In welchem Bereich fühlst du dich wie eingesperrt?

 Wo hast du schon Gottes Veränderungen in deinem Leben erlebt, durch die du aufgeblüht bist?

Gott möchte durch seine liebende Gegenwart unser Wesen zum Aufblühen und zur Entfaltung bringen.

ZÄHNEPUTZEN DES HERZENS

Vergib uns unsere Schuld, wie wir denen vergeben,
die uns Unrecht getan haben.

Matthäus 6,12

Als unser Sohn etwa drei Jahre alt war, haben mein Mann und ich uns überlegt, wie wir ihm erklären können, dass es gut für uns ist, Menschen, die uns
verletzt haben, zu vergeben. Wir suchten nach einem Bild, das ihm verdeutlicht, warum eine Haltung des Vergebens Leben bringt.
Ich bat Vater Gott um einen Vergleich, der für einen Dreijährigen zu verstehen und zugleich tief eindrücklich ist. Während des Gebetes dachte ich an
Karies. Wir waren gerade in der Phase, in der er lernte, selbstständig Zähne
zu putzen.

In mir war der Gedanke, Menschen zu vergeben ist wie Zähneputzen des
Herzens.

Menschen können uns durch Worte, die sie sagen, oder Dinge, die sie tun, in
unserem Herzen verletzen. Diese Verletzungen sind mit bloßem Auge nicht zu
sehen. Dennoch sind sie da. Wenn wir diesen Menschen nicht vergeben, geht
es unserem Herzen auf Dauer schlecht. Wir sehen das nicht sofort. Die Auswirkungen dauern. Mit der Zeit beginnt ein Teil unseres Herzens zu „faulen".

Genauso ist es beim Zähneputzen. Wir müssen nicht jeden Tag unsere Zähne
putzen. Ob wir das tun oder nicht, hängt mit unserer Entscheidung zusammen, ob wir gesunde Zähne haben wollen. Wenn wir gesunde Zähne besitzen
möchten, die frei von Karies sind, sollten wir sie zwei Mal am Tag putzen.
Wenn wir ein gesundes Herz möchten, sollten wir in unserem Alltag etablieren, zu einem bestimmten Zeitpunkt am Tag innezuhalten und zu schauen,
wie es unserem Herzen geht und ob es jemanden gibt, dem wir vergeben
wollen.

Ein guter Zeitpunkt dafür ist vor dem Schlafengehen. Zum einen empfiehlt dies Paulus, wenn er rät, nicht mit Zorn im Herzen ins Bett zu gehen (Epheser 4,26). Zum anderen hat man in der Medizin mittlerweile herausgefunden, dass Nichtvergeben und Verbitterung zu Krankheiten führen können[20].

In meiner eigenen Geschichte mit Vergeben habe ich gemerkt, dass es mir manchmal leichtfällt zu vergeben und manchmal nicht. Mir zu verdeutlichen, was Vergebung praktisch bedeutet, hat mir dabei geholfen: Vergeben ist ein Willensentschluss und ein Gebot Gottes (Matthäus 18,22). Es geht dabei nicht um meine Gefühle. So kann ich wütend und verletzt sein und mich zugleich entscheiden, zu vergeben. Vergebung heißt nicht, dass ich danach die Person oder die Situation gut finden muss. Vergebung bedeutet nicht, dass ich jemand dadurch das Recht einräume, dass er mich danach wieder verletzen darf. Ich brauche nicht danach mit der Person, der ich vergeben habe, eine Freundschaft aufzubauen. Vergebung bedeutet nicht, dass ich der Person in Zukunft vertrauen kann oder muss.

Weiterhin hat mir das Gespräch geholfen, das Mack mit Gott in dem Buch „Die Hütte – ein Wochenende mit Gott" führt[21]. In dieser fiktiven Geschichte verliert Mack seine Tochter, die entführt und zum Opfer eines Gewaltverbrechens wird. Er droht an diesem Verlust innerlich zu zerbrechen. Das Gespräch spitzt sich in der Frage zu, wer ein Recht hat, zu vergeben, und wer nicht.

Mir wurde dadurch klar, wenn ich einer Personen nicht vergeben mag, ist das für mein Herz wie Karies. Mein Herz wird nach und nach immer mehr davon betroffen sein. Ich werde immer mehr innerlich absterben.

Eine Lebenshaltung des Vergebens bringt dich als Königstochter in eine ungeahnte Freiheit. Es entlässt dein Herz aus einem Gefängnis.

HERZENSIMPULSE

🕊 Was hindert dich zu vergeben? Was macht es dir leicht?

🕊 Wenn du beim Vergeben einen inneren Widerstand spürst, kannst du diesen Widerstand benennen?

🕊 Wenn es dir vorkommt, als seist du durch Vergeben innerlich schutzlos, kannst du Jesus fragen, warum das so ist. [Vielleicht hilft es dir, die Reise-Etappe „Gott, mein Vater, der mich schützt" zu lesen.]

"Vergebe 7 x 70!"

Ich habe mich oft gefragt, warum Jesus uns auffordert,
490 Mal zu vergeben. Lange Zeit erlebte ich die Aussage
als Aufforderung, als ein Muss - und wehe, wenn ich nicht
vergeben kann oder möchte.

Wut, Hass, Verletzungen verbinden mich mit dem ver-
letzenden Menschen. Ärgerliche Gedanken kreisen um die
Person, um die Verletzung. Je nachdem kann eine (kleine)
Erinnerung alle Gefühle wieder "nach oben" führen und alle
damit verbundenen Gefühle aktivieren. Ich bin nicht frei.
Die Erinnerungen und die daraus entstandenen Gedanken
sowie Lebenshaltungen bestimmen mich und können mein
Leben begrenzen.

Jesus will, dass wir frei sind. Er lädt uns ein, 490 Mal
zu vergeben, auch weil Vergebung ein Prozess ist. Ein
Prozess, in dem alle meine Gefühle, die zur verletzenden
Situation gehören, vor Jesus gebracht werden. Oft gehört die
Erkenntnis der eigenen Verwobenheit und Fehlerhaftigkeit
dazu - auch ich verletzte andere Menschen. Und es
ist Gottes Sache, den Täter für sein Verhalten zur
Verantwortung zu ziehen.

Wenn ich mich für die Vergebung entscheide, entscheide
ich mich - etwas überspitzt formuliert - für einen "ego-
istischen" Schritt: Ich sorge für mein Wohlbefinden, in dem
ich mich von dem befreie, was mir wehtut, indem ich ans
Kreuz bringe, was mich verletzt hat.

Ich denke, dass Jesus uns genau deswegen einlädt zu vergeben,
und zwar 490 Mal, um frei von Wut, Ärger, Hass und
Verletzungen zu leben.

Er hat am Kreuz für alle Verfehlungen gesühnt.

A.H.

LEBEN IN DER GEGENWART DES VATERS

Herr, du durchschaust mich, du kennst mich durch und durch.
Ob ich sitze oder stehe — du weißt es,
aus der Ferne erkennst du, was ich denke.
Ob ich gehe oder liege — du siehst mich, mein ganzes
Leben ist dir vertraut.

Psalm 139,1—3

Du lebst jeden Tag in der Gegenwart Gottes. Er kennt und versteht dich. Deine Gedanken sind ihm vertraut. Er weiß, wie du über dich selbst denkst. Vater Gott kennt dein ganzes Leben.

Wie wir als Frauen mit unserem Körper, unserer Weiblichkeit und unserer Sexualität umgehen, über unseren Körper denken, hängt davon ab, was wir in unserer Ursprungsfamilie erlebt haben. Hast du erlebt, dass über Sexualität in deiner Familie wertschätzend gesprochen wurde? Oder hast du zum Beispiel erlebt, wie in deiner Familie abwertende, sexuell zweideutige Witze über Frauen erzählt wurden? Wie hast du die Sexualität, die deine Eltern gelebt haben, wahrgenommen? War dies für dich ein Vorbild? Wie hast du erlebt, dass dein Vater mit deiner Mutter umgegangen ist? Hast du im Leben deiner Mutter ihre Weiblichkeit als kostbaren Schatz gesehen?

[Wenn dir die Vorstellung Angst macht, dass du in der Gegenwart Gottes lebst und dir die Vorstellung unangenehm ist, dass Vater Gott deine Weiblichkeit, deine Sexualität und deine Bedürfnisse sieht und ernst nimmt, möchte ich dir Mut machen, beim Lesen dieser Etappe eine Pause einzulegen und die Reise-Etappen „Mein Ursprung", „Meinen Körper wertschätzen" und „Mein Vater" zu lesen".]

Einen Teil meiner Entwicklung in Bezug auf mein Frausein erlebte ich als traumatisch. Meine erste Menstruation war ein Tag nach meinem zwölften Geburtstag. Dieses Erleben veränderte für mich alles.

Ich wurde darauf nicht vorbereitet. Ich hatte Angst zu sterben. Ich schrie, weinte und konnte mich stundenlang nicht beruhigen. Ich wollte keine Frau werden. Ich hasste mich dafür, dass mein Körper sich veränderte. Ich trainierte mir eine schlechte Haltung an, weil ich nicht wollte, dass man meinen Busen sah. Ich lehnte meine Veränderung so sehr ab, dass meine Menstruation nach einem Jahr für drei Jahre ausblieb. Das Erwachen und Erblühen meiner Sexualität war für mich eine einsame Reise, auf der mich niemand begleitete, ermutigte und unterstützte.

Sexuelle Reinheit war für mich keine Herausforderung. Ich sah jedoch viele Freundinnen in meinem Alter, die damit kämpften. Ihre Sehnsucht, den Schatz zu erhalten, der darin lag, war da. Doch auch sie hatten keine erwachsene Bezugsperson, die sie darin unterstützten.

Da meine Mutter eine Spätgebährende war, fielen ihre Wechseljahre und meine Pubertät zusammen. Die Wechseljahre, so, wie sie meine Mutter gestaltete, waren eher abschreckend.

Auf meiner Reise als Königstochter habe ich mich zu einem bestimmten Zeitpunkt entschieden, meine Wechseljahre als einen Teil meiner Weiblichkeit zu feiern und zu genießen.

Wenn es Bereiche in deiner Sexualität gibt, in denen du spürst, dass du beraubt wurdest, und du ahnst, dass hier Vater Gott noch eine kostbare Überraschung bereithält, dann begib dich auf die Reise, um dein Geschenk zu entdecken.

Vater Gott hat dir als Königstochter deine Weiblichkeit und deine Sexualität geschenkt.

HERZENSIMPULSE

🕊️ Welches Bild von Weiblichkeit und Sexualität hat dir deine Mutter vorgelebt und mitgegegeben? Was hat dir gefehlt, um als Frau deine Weiblichkeit zu entdecken? Wofür bist du dankbar?

🕊️ Kannst du dich an deine erste Menstruation erinnern? War das für dich ein Fest, ein notwendiges Übel oder ein Alptraum?

🕊️ Wer hat dich auf deiner Reise in deine Weiblichkeit begleitet?

🕊️ Wenn du an deine Wechseljahre denkst, wie geht es dir dabei? Welches Bild entsteht bei dir? Welchen neuen Schatz könnte Gott dir für diese Lebenszeit schenken?

Sieh, du bist schön,
meine Freundin, sieh, du bist schön.
Das ist, was du mir sagst.
Danke, dass du mich so wunderbar gemacht hast.
Du sahst mich als schön an, als ich ein kleines
Mädchen war, als ich ein Teenager war und als ich zur
jungen Frau herangewachsen bin.
Du sagst mir dieselben Worte, als ich Mutter geworden
bin, und auch im Alter nennst du mich schön.
Du liebst alles an mir.
In jeder Phase meines Lebens nennst du mich schön.
Danke, dass du mir dabei helfen wirst,
mich in meinem Sein mehr und mehr anzunehmen,
Ja zu mir zu sagen, wie du zu mir Ja sagst.
Ich liebe dich, Herr,
von ganzem Herzen.
Amen

B.Z.

KRAFT DER DANKBARKEIT

Im Namen unseres Herrn Jesus Christus dankt Gott, dem Vater, zu jeder Zeit, überall und für alles!

Epheser 5,20

Die Zeit zwischen den Jahren ist für mich eine Zeit, um innezuhalten. Manchmal kommt es mir so vor, als ob die Zeit zwischen den Jahren stillstehen würde.

Seit ein paar Jahren setze ich mich an diesen Tagen in meinen Lieblingssessel, ausgestattet mit einer Tasse Milchkaffee, meinem Tagebuch und einem Stift. Ich schreibe 365 Dinge und Erlebnisse auf, für die ich Gott dankbar bin. Geboren wurde dieses Ritual nicht zwischen den Jahren, nachdem ich voll Glück alle meine Weihnachtsgeschenke betrachtete, sondern in einer Lebensphase, die für uns als Familie äußerst kräftezehrend war.

Wir beteten alleine und zusammen als Familie für eine Situation, die uns emotional extrem beschäftigte. Wir hatten Glauben und prophetische Worte bekommen, dass sich die Situation ändern wird. Freunde unterstützen uns durch ihre Gebete, ihre Freundschaft und mit ihrer Weisheit.
Doch nichts schien sich zu verändern. Noch mehr als das, die Situation verschärfte sich immer mehr.
Viele Stunden lag ich in dieser Zeit nachts wach. In einer dieser Nächte fiel mir der Vers aus Epheser ein, Gott alle Zeit für alles zu danken (Epheser 5,20). Im ersten Moment schien es mir so, als ob sich alles in mir zuschnürte. Wie sollte dies gehen, Gott für diese Situation zu danken? Ich erinnerte mich an Situationen aus meiner Kindheit, in denen ich allein und hilflos gewesen bin. An Situationen, die für mich damals so aussahen, als ob es keine Lösung und keine Veränderung geben würde. Es kamen Trauer und Schmerz in mir hoch. Ich spürte, dass dieser Schmerz noch viel tiefer ging als unsere momentane Lebenssituation.

Ich nahm mir Zeit, nicht nur in dieser Nacht, und erfuhr, wie Vater Gott sehr liebevoll und behutsam den erlebten Schmerz aus meiner Kindheit heilte.

[Wenn es dir so geht, dass sich alles in dir zuschnürt, wenn du daran denkst, Gott für etwas zu danken, was dich bedroht und was dir Leben raubt, dann möchte ich dich einladen, dir zu überlegen, ob du hier eine Lesepause einlegen möchtest und den Reiseabschnitt „Das Wesen Gottes als Vater" liest.]

In der Identität einer Königstochter zu leben, heißt, du weißt in deinem Herzen – und nicht mit dem Verstand, dass Gott, dein Vater, immer bei dir ist, dass er dich beschützt, dass er dich tröstet, dass er dich versorgt, dass er einen wunderbaren Plan hat, wie er dich aus einem dunklen Tal führen wird. Vater Gott lässt dich, seine Königstochter, nie im Stich.

Wenn Paulus uns in Epheser zum ununterbrochenen Danken ermutigt, bedeutet dies nicht, dass wir eine bestimmte Lebenssituation lieben oder gut finden sollen. Einen geliebten Menschen zu verlieren schmerzt. Eine – medizinisch gesehen – unheilbare Krankheit zu haben, kostet Kraft und fordert dich aufs Äußerste heraus. Den Verlust eines Arbeitsplatzes zu erleben ist ebenso schmerzhaft wie zu erleben, an seinem Arbeitsplatz oder in der Schule gemobbt zu werden.
In diesen Lebenssituationen anfangen zu danken bedeutet, dass wir Gott vertrauen, dass, weil wir ihn lieben, uns alle Dinge zum Besten dienen und dass Gott eine Lösung bereithält.

So begann ich in besagter Nacht für die unterschiedlichsten Dinge zu danken: Danke, Vater Gott, dass du mein Vater bist und mich immer liebst. Danke, dass du eine Lösung für diese Situation hast, die wir noch nicht kennen. Danke, dass du mich in meiner Trauer verstehst. Danke, dass wir genug zu essen haben. Danke, dass wir Freunde haben, die uns verstehen und uns unterstützen.

Was ich durch das Danken erlebte war, dass in mir ein Friede wuchs, der höher war als meine Vernunft, dass sich die Lebenssituation ändern wird. Ein Friede, der mir neuen Mut und neue Lebensfreude gab.

Als Königstochter kannst du entdecken, dass in der Dankbarkeit eine Kraft verborgen liegt, die dir Frieden, Mut und Lebensfreude gibt.

HERZENSIMPULSE

🕊 Als Königstochter kannst du entdecken, dass in der Dankbarkeit eine Kraft verborgen liegt, die dir Frieden, Mut und Lebensfreude gibt.

🕊 Wofür kannst du Gott danken?

🕊 Was macht es dir schwer, in eine dankbare Haltung zu kommen und zu leben?

🕊 Ich lade dich auf ein Reiseabenteuer ein: Danke täglich für zwei Dinge oder Erlebnisse. Schreibe sie auf. Verändert sich nach zwei Monaten etwas in deinem Denken und Fühlen?

Kennst du das? Jemand weiter entfernt Bekanntes fragt: „Wie geht es dir?" Lapidar: „Gut." Ohne Nachdenken, ohne Zögern. Enge Freunde, gleiche Frage. Da denkt man nach, grübelt, packt ggf. seine Probleme aus etc. Das gilt quasi als Erweis des Vertrauens. Als Beleg für die Tiefe der Beziehung. Du weißt sicher, was ich meine. Aber: Schon mal darüber nachgedacht, dass wir in der Welt ein Licht sein sollen? Die Welt erfährt von Gottes Liebe, weil du auf ihr herumläufst. Als lebendiges Zeugnis – eine neue Schöpfung. Yay!

Und wenn es aber wirklich mal nicht so gut läuft?
Sagt Dank allezeit für alles. Gott Vater hat uns einen Schlüssel gegeben – zur Freiheit. Geldnot ist real. Kennen die meisten aus deinem Bekanntenkreis. Was macht den Unterschied?

„Danke, Papa, dass du mich immer versorgst. Ich gebe dir meine Sorgen und genieße jetzt den Tag, den du mir heute schenkst."

Und das heißt nicht, dass du lügen sollst, wenn deine Mitschüler, die Mami im Kindergarten, die Kollegin dich nach deinem Befinden fragt. Aber wie wär's damit: „Hab grad einen Engpass, aber das wird schon – ich mache mir keine Sorgen. Ssssso."
Du fühlst dich nicht so, aber hast dich entschieden, deinem Papa mehr zu glauben.
Danke, Vater, für ALLES.

S.S.

DER KLANG DES HERZENS

Er gab mir ein neues Lied in meinen Mund,
einen Lobgesang für unseren Gott.
Das werden viele Leute hören, sie werden den Herrn
wieder achten und ihm vertrauen.

Psalm 40,4

Könntest du morgens aufstehen, das Fenster öffnen und in die Welt hinausrufen: „Ich danke dir, Vater Gott, dass du mich so wunderbar und einzigartig gemacht hast. Ich erkenne, dass ich großartig bin, weil du mich so geschaffen hast!" Oder denkst du, wenn ich so etwas behaupte, bin ich eingebildet?

Ab und zu mache ich dies beim Autofahren. Ich lasse die Fensterscheiben herunter und rufe laut in die Welt hinaus: „Ich danke dir, Gott, einzigartig zu sein!"

Welchen Klang deines Herzens hörst du, welches Lied singst du, wenn du morgens in den Spiegel schaust? Singst du ein Lied wie das von Peter Alexander „Ich zähle täglich meine Sorgen"? Es war in den 60er Jahren in den damaligen Charts auf Platz 2. Singst du ein Lied wie das von Bobby Mc Ferrin, das 1996 veröffentlicht wurde, „Don't worry be happy"?

Man hat herausgefunden, dass bis zum Alter von sechs Jahren unsere Grundwerte und unsere Überzeugungen gelegt werden. Welches Lied des Lebens hast du in deine Wiege gelegt bekommen: „Das Leben ist kein Ponyhof.", „Wenn du etwas werden willst, dann musst du dich anstrengen.", „Man weiß nie, was kommt, daher muss man Vorsorge treffen.", „Das Leben ist anstrengend.", „Ich muss für das Überleben sorgen."?

Über den Klang deines Herzens nachzudenken bedeutet nicht, jemanden anzuklagen oder deine Eltern schlechtzumachen oder ihre Lebenshaltung zu bewerten.

Es geht darum, dass du dein Lied findest, den Klang deines Herzens, den nur du zum Klingen bringen kannst. Gott hat ihn in dich hineingelegt hat, als er dich geschaffen hat (Psalm 139, 11–16). Dein Klang des Herzens, der auf vielfältige Weise ruft: „Ich bin einzigartig. Ich bin schön. Ich bin eine geliebte Königstochter."

Die Erlebnisse im 2. Weltkrieg haben meine Eltern – wie bereits beschrieben – geprägt. Sie konnten das, was sie erlebt haben, nicht in Worte fassen. Sie haben für sich keinen Weg gefunden, diese Schreckenserlebnisse zu verarbeiten. So war das Lied unserer Familie ein Lied, das von Angst, Krankheit und Sorge geprägt war: „Allen geht es gut, nur mir nicht. Man kann nie wissen, was kommt."

Trotz allem habe ich Vater Gott schon immer geliebt.

Doch als Kind war meine Liebe zu ihm geprägt von Angst und Sorge. Die Lebenshaltung meiner Eltern war auch meine. Die Themen unserer täglichen Tischgespräche drehten sich um die Probleme von Nachbarn, Krankheiten in unserer eigenen Familie – davon gab es reichlich – sowie finanzielle und berufliche Sorgen meiner Eltern. Ich weiß, dass ich bereits als kleines Kind abends immer gebetet habe. Doch sogar in meinen Gebeten war Angst mein ständiger Begleiter. Mein Lied des Lebens war durchdrungen von Angst.

Auf dem Weg meiner Heilung habe ich angefangen, den Klang meines Herzens zu entdecken und habe begonnen, mein eigenes Lied zu singen. Ein Lob- und Liebeslied.

Du besitzt als Königstochter ein unverwechselbaren Klang deines Herzens. Durch dich erklingt ein Lied, das es nur einmal gibt.

HERZENSIMPULSE

🕊 Welches Lied hast du in deiner Kindheit gelernt zu singen?

🕊 Wie lautet heute der Klang deines Herzens?

🕊 Welcher besondere Satz, er dich ermutigt, stärkt und dir Lebensfreude gibt, klingt in deinem Leben?

🕊 Welche Aussage, die Gott dir gegeben hat, beflügelt dich?

🕊 Schreibe deinen eigenen Lobgesang (siehe Psalm 40,4) und singe ihn in den nächsten Tagen.

Welchen Klang hast du in mein Herz gelegt?
Welche Botschaft ganz still in mir gehegt?
Womit kann ich die Welt beglücken?
Anstatt mich nur wortlos vor ihr zu bücken?

Ich werde ganz leise und hör genau hin,
lausche, entdecke das Lied in mir drin.
Von Urzeit her ertönt die Melodie,
sie ist mir anvertraut, deine Rhapsodie.

Dein Rhythmus, mein Herzschlag, friedvoll vereint,
Komposition der Liebe, die klangvoll durchscheint.
Verbunden mit andren und doch originell,
die Akkorde erklingen, mal tief und mal hell.

Dieser Klang ist unverwechselbar,
wenn ich ihn höre, bist du ganz nah
und ich spüre deine Hand um mein Herz:
fürsorglich, helfend, sie löst jeden Schmerz.

S.B.

INNERLICH ERWACHSEN WERDEN

Als ich ein Kind war, da redete ich wie ein Kind und dachte wie ein Kind und war klug wie ein Kind; als ich aber ein Mann wurde, tat ich ab, was kindlich war.

1. Korinther 13,11

Man kann den Vers schnell überlesen oder übersehen. Im Korintherbrief wird zuvor eindrücklich beschrieben, wie Liebe im Alltag und in Beziehungen sichtbar werden soll. Lesen wir die Verse 1–10 mit der Perspektive einer „Räubertochter", können wir die Verse als eine Zumutung und als Druck wahrnehmen, weil wir das Empfinden haben, uns selbst verstellen zu müssen. Allerdings können wir sie auch dahingehend missverstehen, dass wir denken, die besagten Verse würden bedeuten, keine Grenzen setzen zu dürfen und alles ertragen zu müssen.

[Geht es dir so, möchte ich dich einladen, dir zu überlegen, ob du hier eine Pause machst und die Reise-Etappe „Grenzen setzen" lesen möchtest.]

Warum schließt sich an die „Beschreibung der Liebe" der Vers 11 an? Auf den ersten Blick kann man den Eindruck gewinnen, dass der Vers überflüssig ist. Bei näherem Betrachten gibt es jedoch keinen besseren Ort für diesen Vers. Das Augenmerk ist auf einen wertvollen Aspekt im Prozess des Heilwerdens als Königstochter gerichtet und ist für gesunde Beziehungen wertvoll.

Es gibt Frauen und Männer, die zugleich erwachsen und kindlich sind. Obwohl Paulus in Ich-Form schreibt, wird durch den Kontext deutlich, dass es nicht um ihn persönlich geht, sondern um jeden Menschen.

Gleichzeitig kann die Aussage „Als ich aber ein Mann wurde, tat ich ab, was kindlich war." eine Spannung aufbauen. Einerseits fordert uns Jesus in den Evangelien dazu auf, wie die Kinder zu werden, um Gottes Reich zu erben (Matthäus 18,3). Anderseits erhalten wir hier nun die Einladung, unser kindliches Wesen abzulegen.

Was sollen wir nun tun?

Zwischen „kindlich" und „werden wie die Kinder" gibt es einen Unterschied. Jesus erklärt, was „werden wie die Kinder" bedeutet. Es heißt der Einladung Vater Gottes zu vertrauen, dass er mich bedingungslos liebt, dass er mich schützt, dass er mich versorgt, dass er immer bei mir ist, dass er schaut, dass ich mehr als genug habe, dass ich keine Angst und Furcht haben brauche. Ein „kindliches" Verhalten bedeutet, sich an die erste Stelle zu setzen, ich-zentriert zu denken, zu fühlen, zu handeln und zu versuchen, die Verantwortung für das eigene Handeln jemand anderem zu geben. Man möchte keine Verantwortung für sein Reden, Handeln, Denken und Fühlen übernehmen.

Manchmal fällt es uns leichter, ein solches Verhalten an „fremden" Menschen wahrzunehmen. Ist dir schon einmal aufgefallen, dass sich das Wesen von manchen verändert, wenn sie etwas möchten oder dabei sind, einen Konflikt zu lösen? Ihr Tonfall wird piepsiger, leiser, kindlicher. In Konfliktsituationen können Erwachsene ab und an wie Kinder toben, Gegenstände werfen oder aus Verzweiflung weinen.
Es scheint, als ob es einen inneren Schalter gäbe, der in den Modus „kindliches Verhalten" umschaltet. Warum „wählen" sie in diesem Moment dieses Verhalten?

Das kindliche Verhalten ist bekannt, vertraut und eingeübt. Vermutlich war es in der Kindheit sogar erfolgreich. Unbewusst denken sie, dass sie eine konkrete Situation nur lösen können, wenn sie in ihrem Verhalten und in ihren Emotionen in die Rolle eines Kindes zurückgehen können.

Vater Gott sehnt sich nach Königstöchtern, die bereit sind, innerlich nachzureifen und erwachsen zu werden.

HERZENSIMPULSE

🦋 In welchen Situationen in deinem Leben verhältst du dich „kindlich"? Warum rutschst du in den Modus „kindliches Verhalten"?

🦋 Kennst du Situationen, in denen du gerne keine Verantwortung übernehmen möchtest?

🦋 Was könnte in diesen Situationen passieren, wenn du erwachsen reagieren würdest?

gelähmt	laufend
liegend	stehend
gebückt	aufrecht
schmutzig	sauber
kriechend	fliegend
krank	gesund

VERGEBUNG

Raupe   Schmetterling

Jesus heilt einen Gelähmten: Lukas 5,17-22: Als Jesus den gelähmten Mann heilt, vergibt er ihm zuerst. Was lähmt uns? Was hält uns davon ab, erwachsen zu werden? Wir müssen wissen, dass unsere Sünden wirklich vergeben sind. Weil Jesus am Kreuz gestorben ist, sind wir sauber und nicht schmutzig, wir können aufstehen und scheinen, wir können uns erheben und müssen nicht liegen. Wir sind verwandelt und können erwachsen werden. Innerlich erwachsen werden ist wie aufrecht gehen, weil uns nichts mehr lähmt. Und manchmal brauchen wir auch Hilfe von Freunden, die wissen, was wir brauchen.

S.V.

FREI VON SCHAM

Gott hat den Schuldschein, der uns mit seinen Forderungen so schwer belastete, eingelöst und auf ewig vernichtet, indem er ihn ans Kreuz nagelte.

Kolosser 2,14

Es gibt eine positive und eine negative Scham. Um diese beiden besser voneinander zu unterscheiden, kann man bei negativer Scham auch von Beschämung oder Erniedrigung sprechen.

Positive Scham gehört zu unserem Leben. Sie regelt, wie weit wir uns in Beziehungen öffnen. Sie schützt unsere intimen Gedanken und Gefühle davor, ungewollt nach draußen zu dringen. Sie entsteht, wenn persönliche Grenzen von Mitmenschen oder der Gesellschaft überschritten werden.

[Wenn du in deinem Leben emotionalen oder sexuellen Missbrauch erlebt hast, kann es sein, dass die positive Scham nicht mehr in deinem Leben existiert. Durch den Missbrauch hast du erlebt, wie deine Grenzen in Bezug auf deine Scham nicht respektiert wurden. Es kann für dich hilfreich sein, beim Lesen dieser Reise-Etappe eine Pause einzulegen und nochmals die Etappen „Gott, mein Vater der mich liebt" und „Frei von Manipulation" zu lesen.]

Negative Scham oder Beschämung zerstört unsere Identität und unsere Beziehungen.

Am Anfang, als Vater Gott die Welt erschaffen hatte, gab es keine Beschämung. Die Beziehungen, die existierten, waren geprägt von Vertrauen, Liebe, Respekt, Würde und Wertschätzung. Durch die Entscheidung Evas, vom Baum der Erkenntnis zu essen, kam Ungehorsam und Misstrauen in die Beziehung zu Gott. Adam und Eva bedeckten sich mit Blättern, sie schämten sich.

Die Begegnung zwischen der Frau am Brunnen aus Samarien und Jesus zeigt, wie wertschätzend Jesus Heilung und Wiederherstellung in das Leben von Menschen bringt. Er stellt nich bloß, beschämt nicht, macht keine Vorhaltungen oder hält missachtete Regeln vor (Johannes 4).

Jesus konfrontiert die Frau aus Samarien nicht beschämend mit ihrem Lebensstil und ihrer Sünde, sondern er geht liebevoll und respektvoll mit ihr um. Vermutlich ist für die Samariterin dies seit langem die erste Begegnung mit einem Mann, der ihre Grenzen achtet. Durch die Begegnung mit Jesus öffnete sich die Frau und machte sich gegenüber Jesus verletzlich und kann ehrlich auf ihr Leben schauen. Sie begann daraufhin ein Leben, in dem Lüge und Beschämung keinen Raum mehr hatten. Sie wusste in ihrem Herzen, dass Jesus sie in Zukunft emotional schützen würde, so dass sie Grenzen setzen kann.

Wenn wir in einer Atmosphäre leben, in der unsere Grenzen respektiert und geachtet werden, können wir uns öffnen, in Beziehung gehen und Beziehung leben. Wir wissen, dass unsere Verletzlichkeit nicht missbraucht oder gegen uns verwendet werden wird.

Gott ist ein Vater, der dich als seine Königstochter niemals beschämt oder bloßstellt.

HERZENSIMPULSE

✤ Welche Beschämung hast du in deiner Kindheit oder Jugend erleben müssen?

✤ Wofür schämst du dich?

✤ Welche Situationen und Erlebnisse waren für dich beschämend? Unterscheide dabei zwischen positiver und negativer Scham.

✤ Gab es damals jemanden, dem du vertraut hast und mit dem du über das Erlebte sprechen konntest, wenn du beschämt wurdest? Warum konntest du dieser Person vertrauen?

✤ Schreibe deinen eigenen Lobgesang (siehe Psalm 40,4) und singe ihn in den nächsten Tagen.

N.S.

„UND DEINEN MITMENSCHEN SO LIEBEN ..."

LEBENDIGE BEZIEHUNGEN

Tag für Tag kamen die Gläubigen einmütig
im Tempel zusammen und feierten
in den Häusern das Abendmahl.
In großer Freude und mit aufrichtigem Herzen
trafen sie sich zu den gemeinsamen Mahlzeiten.

Apostelgeschichte 2,46

Beziehungen sind für mich wertvoll und kostbar. Eine meiner Lieblingsbeschäftigungen ist, mich mit Freundinnen in einem Café zu treffen, das pulsierende Leben um mich herum zu spüren, Latte Macchiato zu trinken, sich gegenseitig zu ermutigen und Leben zu teilen. Diese Momente sind für mich wie ein Atemholen der Seele.

Schon als kleines Mädchen habe ich mich danach gesehnt, lebendige Beziehungen mit Menschen zu leben. Doch wir lebten als Familie zurückgezogen. Meine Eltern hatten nur wenige Freunde und pflegten fast ausschließlich Kontakte und Beziehungen innerhalb der Verwandtschaft. Sie konnten meine Sehnsucht nach lebendigen Beziehungen mit Menschen außerhalb meiner Familie nicht verstehen.
Ihr Unverständnis behielten sie nicht für sich: „Dir sind deine Freunde wichtiger als wir.", „Du liebst andere Menschen mehr als uns." Sie drohten mir sogar: „Wenn deine Freunde sehen, wie du wirklich bist, werden sie nichts mehr mit dir zu tun haben wollen."

Jeder dieser Sätze traf mich in meinem Herzen. Ich fühlte mich nicht verstanden. Ich wollte mich nicht zwischen meiner Familie und Freunden entscheiden müssen. Als kleines Mädchen und als Jugendliche fragte ich mich, ob es nicht möglich sei, beides zu leben.

Ich befand mich in einer Zwickmühle. Ich hatte das Gefühl, meine Familie im Stich zu lassen, wenn ich mich mit meinen Freunden traf. Wenn ich bei meiner Familie war, vermisste ich es, bei meinen Freunden zu sein. Zu alledem schlummerte in mir die Angst, dass ich eines Tages erleben würde, wie die Drohung meiner Eltern wahr würde, dass meine Freunde sich von mir abwenden würden.

[Wenn dir die beschriebene Situation vertraut vorkommt, möchte ich dich einladen, dir zu überlegen, wie es dir heute in Beziehungen geht. Falls du dich noch immer schuldig gegenüber deiner Familie fühlst, wenn du dich mit Freunden triffst, kannst du dir überlegen, ob du dich von diesen Anklagen und Lebenslügen trennen möchtest. Es kann hilfreich sein, bevor du dies tust, die Etappen „Meine Freiheit als Königstochter" und „Frei von Manipulation" zu lesen.]

Es kamen Frieden, Freude und eine ungeahnte Freiheit in mein Leben, als ich mir das Leben Jesu anschaute und erkannte, dass er viele lebendige Beziehungen von unterschiedlicher Intensität hatte.

Die engste Beziehung hatte Jesus zu seinem Freund Johannes (Johannes 13,23). Dann gab es die Jünger Petrus und Jakobus. Mit denen drei teilte er besondere Erlebnisse (Matthäus 17,1–11; 26,37). Die zwölf Jünger – darunter Petrus, Johannes und Jakobus, die ihn drei Jahre lang begleiteten, mit ihm zusammen aßen und sehr viel Zeit verbrachten, waren sein erweiterter Beziehungs- und Freundeskreis. (Markus 3,16–19). Dann die siebzig Jünger (Lukas 10,1–17) und schließlich das Volk (Matthäus 5).

Wahrhaftige, respektvolle und lebendige Beziehungen mit Menschen in unterschiedlichen Intensitäten zu leben, ist der Lebensstil einer Königstochter, die frei von Furcht ist.

HERZENSIMPULSE

🕊 Male deine Beziehungs- und Freundeskreise auf. Mit wem lebst du in welcher Intensität?

🕊 Hast du ein schlechtes Gewissen, weil du unterschiedlich intensive Beziehungen zu Familie und Freunde hast?

🕊 Gibt es eine Lebenslüge in Bezug auf deine Freundschaften und deine Familie?

Für eine Kultur der Ehre und Kultur der Verbundenheit sind lebendige Beziehungen eine entscheidende Basis. Güte und lebendige Beziehungen hängen wiederum eng mit meinem guten Selbstwert zusammen. Je sicherer ich in mir selbst bin, weiss, wer ich in Gott bin, umso weniger bin ich von Anerkennung anderer Menschen abhängig.

Menschen mit einem geringen Selbstwert sind oft auf Lob und Anerkennung von anderen angewiesen. Sie fühlen sich in Freundschaften oft unsicher und fordern eine Bekräftigung der Beziehung ein. Sie trauen sich weniger einen Konflikt auszutragen, und ziehen sich dann eher zurück. Natürlich kann es bei Konflikten gut sein, sich zurückzunehmen, aber Menschen mit einem geringeren Selbstwert passen sich leicht an und geben vermeintlich stärkeren Menschen den Vorrang, was einer Kultur der Ehre entgegensteht.

In einer Kultur der Ehre geht es um einen respektvollen Umgang miteinander auf Augenhöhe und nicht um starke, überlegene und schwache, unterlegene Menschen. Menschen, die sich zurücknehmen, ihre Bedürfnisse hintenanstellen und sich im Freundeskreis, der Familie und der Gemeinde anpassen, werden oft positiv erlebt, da sie durch ihr Verhalten Auseinandersetzungen vermeiden und sich anscheinend besser in eine Gruppe integrieren. Trotzdem sind sie oft unzufrieden mit sich und ihren Mitmenschen. Sie sind wie ein schwelender Vulkan, vor allem, wenn ihre Anstrengung und ihr Opfer, das sie bringen, nicht gesehen werden. Menschen, die es allen recht machen (wollen), um Anerkennung und Liebe zu bekommen, leben nicht im Willen Gottes. Gott lädt uns ein, eine Kultur der Verbundenheit in unseren Beziehungen zu leben. Beziehungen, in denen meine Identität als Königstochter sichtbar wird.

A.H.

HERZENSBEZIEHUNGEN LEBEN

An eurer Liebe zueinander wird jeder erkennen,
dass ihr meine Jünger seid.

Johannes 13,35

Ein Ausdruck von Liebe ist, wie wir miteinander umgehen und kommunizieren. Im Umgang miteinander zeigen wir einander unsere Wertschätzung und unseren Respekt. Eine spannende Frage ist, wie ich jemandem wertschätzend begegnen kann, wenn dieser sich mir gegenüber nicht wertschätzend verhält.

Wenn jemand mir gegenüber nicht respektvoll ist, hat sein Verhalten in erster Linie mit ihm selbst zu tun. Er hat ein Problem, das ihn herausfordert, schmerzt oder beschäftigt. Der Person in Liebe zu begegnen, heißt, ihr klare Grenzen zu setzen. Das kann zum Beispiel sein, indem ich ihr sage, wie ich mich verhalten werde. Das kann bedeuten, einen Raum zu verlassen, wenn ein Konflikt verbal eskaliert oder eine Lautstärke überschreitet, die man selbst nicht mehr als angenehm empfindet.

Sich so zu verhalten ist nicht lieblos, sondern ist das bewusste Umsetzen des Doppelgebotes der Liebe. Weil man den Nächsten liebt wie sich selbst und für einen selbst würdevolles Verhalten wichtig ist, ist das Setzen einer Grenze die Fürsorge für sich selbst und für mein Gegenüber.

„Das ganze Wesen von Beziehungen ist so angelegt, dass du es nicht kontrollieren kannst. Das Einzige, was du kontrollieren kannst, ist deine freie Entscheidung, andere zu lieben und ihre Liebe zu empfangen. Wenn du diese Entscheidung triffst, dann wächst die Freiheit und die Angst geht. Das Zeichen, dass du wirkliche Liebe in deinen Beziehungen hast, ist, dass du und die Menschen in deiner Nähe frei und ohne Angst sind. Freie Menschen werden dir die Wahrheit sagen. Sie werden Fehler machen. Das wird die Beziehung und deinen Herzenszustand auf die Probe stellen."[22]

Wenn wir miteinander in liebenden und gesunden Beziehungen leben, gibt es in der Kommunikation auch keine „Täter" und keine „Opfer" mehr.
Eine Täter-Opfer-Kommunikation beinhaltet Sichtweisen wie zum Beispiel „Wenn du dich anders verhalten hättest, wäre ich nicht laut geworden", „Ich weiß nicht, was ich tun soll, du kannst mir sicher sagen, wo es lang geht.", „Ich bin schwach und du bist stark.", „Ich bin stark und du bist schwach.", „Immer muss ich alles alleine tun, weil du mir nie hilfst." oder „Ich kann nicht leben ohne dich.".
In einer Täter-Opfer-Kommunikation gibt man seinem Gegenüber die Verantwortung für Entscheidungen.

Die Herzensbeziehungen einer Königstochter sind kraftvolle und wertschätzende Beziehungen. Die Beziehungen, in denen sie lebt, bringen die Menschen gegenseitig zum Strahlen und Leuchten. Man nimmt sich wahr. Man hört dem Nächsten zu, um ihn zu verstehen. Man unterstützt sich und teilt Leben.

Vater Gott sehnt sich danach, dass du als starke Königstochter in angstfreien Herzensbeziehungen lebst.

HERZENSIMPULSE

🦋 Hast du in deiner Kindheit erlebt, dass deine Eltern untereinander und mit dir wertschätzend und respektvoll kommuniziert haben? Hast du dafür Beispiele?

🦋 Was bedeutet für dich persönlich Wertschätzung und Respekt?

🦋 Fallen dir Beziehungen ein, in denen eine Täter-Opfer-Kommunikation stattfindet?

LASS DEINE LIEBE EINGESCHALTET

Ertragt einander, und seid bereit, einander zu vergeben,
selbst wenn ihr glaubt, im Recht zu sein.
Denn auch Christus hat euch vergeben.

Kolosser 3,13—14

Am Anfang hatten Adam und Eva mit Vater Gott eine Beziehung, die von Liebe und Vertrauen geprägt war. Durch den Sündenfall veränderte sich das Fundament der Beziehung von Seiten Adams und Evas. Sie misstrauten Gott und hatten Angst.

Vater Gott will in Beziehung zu uns leben. Es geht ihm in Beziehungen immer um Verstehen, Lieben und Vertrauen, nicht darum, Recht zu haben.
Wenn es Gott in erster Linie in Beziehungen darum ginge, im Recht zu sein und auf sein Recht zu beharren, wären wir für immer von ihm getrennt geblieben (Römer 3,23).

[Wenn du denkst, dass für dich Vergeben bedeutet, dass erlebtes Unrecht kein Unrecht mehr ist, dass man mit demjenigen, der einen emotional verletzt hat, wieder eine Beziehung aufbauen soll, möchte ich dich einladen, beim Lesen dieser Reise-Etappe eine Pause zu machen und in der Etappe „Zähneputzen des Herzens" weiterzulesen.]

Im ersten Moment liegt die Frage nahe, ob dies nun für das eigene Leben heißt, dass man seine Meinung aufgeben muss und zu allem Ja und Amen sagen soll. Vielleicht denkst du in diesem Zusammenhang an die Bibelstelle in Matthäus 5,39, in der wir aufgefordert werden, die andere Wange hinzuhalten.

Meint Jesus damit, dass wir uns alles gefallen lassen sollen?

Jesus ist ganz und gar nicht dieser Ansicht. Das „Hinhalten der Wange bedeutet, mein Gegenüber nicht mit Liebesentzug zu strafen. Denn Liebesentzug führt in Isolation und jede Isolation zerstört die menschliche Seele.

Was diese Bibelstelle aus dem Matthäusevangelium sagt, ist: Dein Liebesentzug und dein respektloses Verhalten mir gegenüber wird nicht mein Handeln bestimmen. Selbst wenn du dich mir gegenüber absolut grenzüberschreitend verhältst, werden deine Lieblosigkeit, deine Manipulation, deine Drohungen, dein Rechthabenwollen nicht mein Verhalten dir gegenüber bestimmen.

Unabhängig davon, wie du dich mir gegenüber verhältst, übernehme ich die Verantwortung für mein Verhalten. Ich lebe weder nach dem Motto „wie du mir so ich dir" noch nach dem Motto „Auge um Auge, Zahn um Zahn". Ich werde für mich sorgen, so wie es im Doppelgebot der Liebe steht, und dir in einer respektvollen Weise kommunizieren, wo meine Grenzen sind.

Unabhängig davon, ob es um die Beziehung zwischen Eltern und Kindern, zwischen einem Ehepaar, zwischen Freunden geht oder um Beziehungen, die man am Arbeitsplatz oder in der Gemeinde hat, jede besitzt ein Fundament. Für eine Beziehung ist die Basis immer entweder Angst oder Liebe.

„Lass deine Liebe eingeschaltet" bedeutet für eine Königstochter, einen Lebensstil zu haben, der frei von Liebesentzug ist, und bei dem „Recht haben wollen" keine Option darstellt.

HERZENSIMPULSE

🕊 Welche Basis haben deine Beziehungen?

🕊 „Entweder ist die Basis für eine Beziehung Angst oder Liebe."
Es kann sein, dass dieser Gedanke für dich ungewöhnlich ist. Nimm dir, wenn du möchtest, einen Stift und ein Blatt Papier. Versuche, vier deiner Beziehungen anhand der beschriebenen Kategorien einzuordnen.

🕊 Hast du es in deiner Kindheit erlebt, dass deine Eltern versucht haben, dich mit Liebesentzug zu strafen? Falls du dies erlebt hast, wie genau hat dein erlebter Liebesentzug ausgesehen?

D.D.

GRENZEN SETZEN

*Als er am nächsten Tag weiterreisen musste,
gab er dem Wirt zwei Silberstücke und bat ihn:
„Pflege den Mann gesund! Sollte das Geld nicht reichen,
werde ich dir den Rest auf meiner Rückreise bezahlen!"*

Lukas 10,35

Viele von uns kennen das Gleichnis vom barmherzigen Samariter. Es wird dafür verwendet, um zu verdeutlichen, was Vater Gott unter Barmherzigkeit versteht. In vielen Auslegungen wird der Schwerpunkt auf die unterschiedlichen Menschen gelegt, die dem Mann, der überfallen wurde, begegnet sind.

Für mich bekam das Gleichnis eine ganze neue Tiefe und Bedeutung, als ich mich mit dem Thema „Grenzen setzen" beschäftigte.

Einen Lebensstil der Barmherzigkeit zu haben, bedeutet nicht, dass man keine Grenzen in seinem Leben setzen sollte. Grenzen zu setzen in Bezug auf seine Mitmenschen, seine eigenen persönlichen (Lebens-)Ziele und seiner Zeit sind wichtig.
Vielmehr legt Jesus genau auf die Balance zwischen einem Lebensstil von Barmherzigkeit und dem Setzen von Grenzen wert. Falls Jesus diese Balance unwichtig wäre, hätte das Gleichnis vermutlich so geendet: Vom Unglück des Mannes tief bewegt, gab er alle seine Ziele und Pläne auf. Er beendet vorzeitig seine Reise, kehrt um und nimmt den überfallenen Mann mit zu sich nach Hause.

Der Samariter wollte dem überfallenen Mann helfen, damit er sich erholen konnte. Jedoch bedeutete dies nicht, dass er sich, seine Pläne und seine Bedürfnisse komplett ignorierte. Er setzte eine Grenze in Bezug auf seine persönliche Zeit, die er für den Mann investierte. Der Samariter setzte eine

Grenze in Bezug auf seine Finanzen, da er dem Gastwirt nicht unbegrenzt Geld zur Pflege gab. Er setzte eine Grenze in Bezug auf die Beziehung, die er mit diesem Mann führen wird.

Der Samariter kannte sich selbst so gut, dass er wusste, es gab jemanden, der sich langfristig besser um den Mann kümmern konnte als er selbst – der Gastwirt.

Hatte er seine Meinung und seine Fürsorge gegenüber dem überfallenen Mann geändert im Vergleich zu dem Moment, als er ihn zum ersten Mal auf der Straße liegen sah? War ihm der Mann letztendlich doch lästig geworden? Bereute er seine Entscheidung, ihm zu helfen? Versuchte er ihn so schnell wie möglich loszuwerden?

Wäre dies der Fall, so würden wir nicht lesen, dass der Samariter nochmals zurückgehen würde, um sich nach den Kosten der Versorgung zu erkundigen.

Das Gleichnis ist die Antwort Jesu, wie das Doppelgebot der Liebe im Alltag aussehen kann. In den Augen Jesu ist das Setzen von Grenzen für mich selbst und zu meinen Mitmenschen ein Ausdruck von Liebe. Grenzen spiegeln deine Bedürfnisse, deine Ziele und deine Werte wider – in Bezug auf dich, deinen Nächsten und Gott.

Weil du dich als Königstochter ernst nimmst, achtest, liebst sowie selbst wertschätzt, setzt du Grenzen.

HERZENSIMPULSE

🕊 Wann ist es dir das erste Mal in deinem Leben passiert, dass eine Grenze, die du gesetzt hast, nicht respektiert wurde?

🕊 Findest du, dass der Satz „Grenzen zu setzen ist ein Ausdruck von Liebe" stimmt? Begründe deine Meinung.

🕊 Was erlebst du, wenn du in deinem Leben Grenzen setzt? Werden sie ernst genommen und respektiert?

Gott sieht meine Bedürfnisse, meine Wünsche und Träume. Er setzt mir gesunde Grenzen, damit ich lerne, meine Gefühle zu beherrschen und nicht sie mich.

WERTVOLLE KOMMUNIKATION

Redet nicht schlecht voneinander.
Was ihr sagt, soll für jeden gut und hilfreich sein,
eine Wohltat für alle.

Epheser 4,29

Das Wort Kommunikation hat seinen Ursprung in der lateinischen Sprache. Dort gibt es den Begriff „communicatio" als Substantiv. Dieses heißt Mitteilung. Des Weiteren findet man im Lateinischen das Verb „communicare", was „mitteilen, teilen, teilhaben" bedeutet. Miteinander reden beinhaltet, dass wir einander etwas teilen und an etwas teilhaben lassen.

Jesus sagt, dass, wovon unser Herz erfüllt ist, unser Mund überläuft (Matthäus 12,34). Wenn wir miteinander reden, teilen wir einander mit, wovon unser Herz erfüllt ist und woran wir einander teilhaben lassen möchten.
Wenn Angst in deinem Herzen wohnt, wirst du dich oft bemühen, dich durch deine Kommunikation zu schützen. Du möchtest vermutlich nicht, dass jemand dein Herz sieht, deine Angst erkennt oder das sieht, was dir Angst macht. Hinter jeder Wut und Aggression steht eine Angst: Angst, nicht ernst genommen zu werden, Angst, nicht geliebt zu werden, Angst, nicht respektiert zu werden, Angst ,nicht wahrgenommen zu werden, Angst, dass Grenzen nicht akzeptiert werden.

[Wenn du merkst, dass bei einem Konflikt oder einer Differenz schnell Wut entsteht, möchte ich dich einladen, dir zu überlegen, ob du dir deine Wut und die Ursachen hierfür anschauen möchtest. Wenn du dich entscheidest, dies zu tun, kannst du in den Etappen „Mein Vater" und „Mut zur Wahrheit" weiterlesen.]

Manchmal ist es so, dass du in deiner Kindheit und Jugend nicht gelernt hast, deine Gedanken, deine Emotionen, deine Wünsche in Worte zu fassen, diese wertzuschätzen und diese jemandem mitzuteilen. Unabhängig davon, wie alt man ist, kann man lernen, wertvoll mit sich selbst und seinen Mitmenschen zu kommunizieren.

In einer wertvollen Kommunikation geht es immer darum, sein Gegenüber und dessen Bedürfnisse zu verstehen.
Wenn du dich in deinem Leben nach Herzensfreunden und Herzensbeziehungen sehnst, ist es wichtig, mit Menschen wertschätzende und wertvolle Kommunikation zu führen.
Niemand kann so fühlen und empfinden, wie du es tust. Aus diesem Grund kannst du jemandem auch nicht streitig machen, dass er traurig, wütend, ärgerlich, glücklich oder fröhlich ist.

Konkret heißt das:

- Ich werde mich in einem Gespräch um mich und meine Gefühle kümmern. Ich werde mich ernst nehmen, denn nur ich bin für mich verantwortlich.

- Ich sende in einem Gespräch Ich-Botschaften und kommuniziere was mich im Moment bewegt und was ich mir konkret wünsche: „Ich bin traurig, denn Pünktlichkeit ist mir wichtig. Ich fühle mich nicht ernst genommen, wenn du zu spät kommst. Mir würde es helfen, wenn du mich nächstes Mal benachrichtigst, wenn du dich verspätest."[23]

- Ich werde eine gute Atmosphäre in einem Gespräch schaffen, damit mein Gegenüber mir vertrauen kann. Ich werde ihm klar sagen, dass ich mich um mich und meine Emotionen kümmere. Das bedeutet, dass, wenn mein Gegenüber anfängt, respektlos zu reden, ich Grenzen setzen werde, weil ich mir selbst wertvoll bin und mir mein Nächster ebenso. „Weil ich mir selbst wichtig bin, werde ich den Raum verlassen, wenn du weiter schreist. Mein Wunsch ist, dass, wenn du dich beruhigt hast, wir einen Termin ausmachen, an dem wir unser Gespräch fortsetzen werden."

- Ich werde mich mit meinem Gegenüber über die gegenseitigen Wünsche, Gefühle und Gedanken austauschen.
- Wir hören uns gegenseitig zu. Wenn wir einander zuhören, bedeutet das, dass wir einander ausreden lassen, beim Thema bleiben und das Erlebte und Geschilderte, so wie wir es uns erzählen, ernst nehmen.
- Wenn wir im Gespräch etwas nicht verstehen, beginnen wir keine Interpretationen oder Vermutungen, sondern fragen nach: „Habe ich richtig verstanden, dass ...?"

Wenn du als Königstochter einen Lebensstil der wertvollen Kommunikation in deinem Leben etablierst, wirst du in deiner Schönheit strahlen. Deine Gespräche werden eine Wohltat sein.

HERZENSIMPULSE

Welchen Impuls möchtest du im nächsten Konflikt umsetzen? Überlege dir schon jetzt eigene Formulierungen und Sätze.

Schreibe deine Gedanken, deine Emotionen und deine Wünsche in Bezug auf dieses Thema auf. Falls dir dies schwerfällt, kannst du in Worte fassen, woran dies liegt?

Wenn du nicht gelernt hast, dich selbst ernst zu nehmen, hast du einen Plan, wie es dir in Zukunft gelingen kann, die Gedanken, Emotionen und Wünschen deines Nächsten ernst zu nehmen?

Du sagst „Ich bin wichtig und du bist es auch!"
doch Worte sind manchmal ja nur Schall und Rauch.
Kann ich dem glauben? Dir völlig vertrau'n?
Möchtest du wirklich ganz tief in mich schau'n?

Was, wenn es abschreckt, was du dann siehst?
Denn es gibt da die Schöne – und auch das Biest.
Doch wenn wir uns keine Bedürfnisse nennen,
können wir uns dann je wirklich kennen?

Beziehung ist Wagnis, das ist uns klar.
Manchmal verschlingt sie uns noch ganz und gar.
Doch ich glaube, es gibt da dieses Ziel,
wenn wir uns dem nähern, gelingt schon echt viel.

Respekt und Ehre für deine Ideen,
Gedanken und Wünsche nicht mehr übergehen.
Dir zuhör'n, nachfragen, schließlich verstehen,
ganz ohne Angst dein wahres Ich sehen.

Ja, du bist wichtig und ich bin es auch.
Ich erkenn' immer mehr, was's dazu braucht.
Managen muss ich nur mich selbst,
nicht kontrollieren, wie du dich verhältst.

Ich nehme dich ernst und glaub deinem Wort
und laufe bei Unmut nicht einfach fort.
Ich glaube, so kann das Gespräch gelingen,
dann bist du sicher, musst nichts mehr erzwingen.

Du lässt mich stehen, so wie ich bin,
und ich dreh dein Wesen nicht zu mir hin.
Wir beide sind wertvoll, so wie wir sind,
detailreich gebildet vom Vater als Kind.

S.B.

FREI VON KONKURRENZ

Du bereitest vor mir einen Tisch im Angesicht meiner Feinde. Du salbest mein Haupt mit Öl und schenkest mir voll ein. Gutes und Barmherzigkeit werden mir folgen mein Leben lang, und ich werde bleiben im Hause des Herrn immerdar.

Psalm 23,5—6 (Luther 2017)

Konkurrenz kann sowohl positiv als auch negativ sein. Sportliche Wettbewerbe ohne positive Konkurrenz würden wenig Sinn ergeben. Ohne diese würde in einem sportlichen Wettkampf niemand siegen. Gesellt sich jedoch zu Konkurrenz Neid, Eifersucht und Missgunst, verschiebt sich der Konkurrenzgedanke ins Negative.

Die wenigsten von uns werden regelmäßig an sportlichen Wettbewerben teilnehmen. Jedoch kann negative Konkurrenz auch ohne einen sportlichen Wettbewerb Thema in unserem Leben sein. Man kann ihr überall begegnen – in der Familie, unter Geschwistern, unter Freundinnen, in der Arbeitswelt, im Gemeindeleben.

Können wir uns über den Erfolg, den Reichtum oder die Begabungen eines anderen freuen?

Ein negatives konkurrierendes Verhalten hat seine Ursprünge oftmals in der Kindheit. Vielleicht hattest du niemanden als kleines Mädchen, dem du dich anvertrauen konntest, weder deinen Eltern noch einem anderen Erwachsenen. Du hast jedoch erlebt, dass deine Freundinnen Eltern hatten, denen sie vollkommen vertrauen konnten.

Vielleicht hatten deine Eltern wenig oder nie Zeit für dich – entweder weil sie so viel gearbeitet haben, du deine Eltern mit deinen Geschwistern geteilt hast oder weil sie emotional selbst mit sich beschäftigt waren. Du hast allerdings regelmäßig erlebt, dass deine Freundinnen mit ihren Eltern Ausflüge gemacht haben und Vater oder Mutter zuhause waren, wenn sie von der Schule gekommen sind.

Es kann sein, dass es dir in der Schule so vorkam oder dass du es real so erlebt hast, dass Mitschüler bevorzugt wurden, beispielsweise beim Aufstellen von Mannschaften. Vielleicht bist du diejenige gewesen, die immer zuletzt gewählt wurde.

Lange Zeit mischten sich in meine Vorstellungen von Gott Neid, Eifersucht und Missgunst. Wenn ich mir innerlich vorgestellt habe, wie es konkret aussieht, dass Vater Gott mein Haupt mit Öl salbt und mir voll einschenkt, war mein Glas, das ich eingeschenkt bekam, beinahe voll – aber nie ganz. Ich stellte mir immer ein Wasserglas vor, das gefüllt wurde, nie einen Kelch, eine Suppenschüssel oder gar Badewanne. Dachte ich jedoch an das Glas eines anderen, war es riesengroß und randvoll.

Natürlich wusste ich durch viele Bibelstellen, dass Gott alles möglich ist, er immer gut ist und es bei ihm keinen Mangel gibt. Doch gesellte sich zu diesen Wahrheiten die erlebten Begrenzungen in meiner Kindheit.

So glaubte ich einerseits, dass Gott mir „relativ" voll einschenkt. Anderseits hatte ich die bange Frage, woher ich wissen konnte, dass Gott für mich noch genug hat, wenn er bereits allen Übrigen voll eingeschenkt hatte. Dahinter stand die tiefe Angst, ob Gott mich genauso liebt wie meine Mitmenschen. Ich merkte, dass ich mich innerlich fühlte wie der kleine Tom, der als Räuberjunge bei Räubern aufgewachsen ist. Der gelernt hatte, für alles, was er brauchte, kämpfen zu müssen, weil er sonst nicht überlebte. Er kämpfte für Beziehungen, Essen, Liebe, Anerkennung, Wertschätzung.

Als Jesus anfing, diesen Mangel und Schmerz zu heilen, wurde mir bewusst, in wie vielen Bereichen ich konkurrierte. Ich verglich mich in Bezug auf meinen Beruf, meine Freundschaften, meinen Körper, mein Glaubensleben.

189

Vater Gott hat für dich als sein Kind immer sprudelnde Quellen – in deiner Familie, in deiner Ehe, in deinen Freundschaften, in deinem Beruf. Er kommt nie in eine Situation, die nur im Ansatz von Mangel geprägt ist. Daher schenkt er dir immer voll ein. Er hat für dich immer mehr als genug. Er hält für dich als Königstochter ein Leben bereit, das geprägt ist von dem Bewusstsein, dass in Gott alle Quellen sind, dass er genug hat, dass er dich versorgt.

[Wenn du merkst, dass dein Herz dir bei diesem Gedanken schmerzt, möchte ich dich einladen, dir zu überlegen, was dir im Moment guttut. Eine Möglichkeit wäre, entweder zu der Reise-Etappe „Gott, mein Vater, der mich versorgt" oder zu „Meine Familiensysteme" zurückzugehen.]

Wenn du einen Lebensstil als Königstochter lebst, der frei von Konkurrenz ist, kommt eine neue Tiefe, neues Vertrauen und neue Freiheit in deine Beziehungen.

HERZENSIMPULSE

In welchen Situationen in deiner Kindheit und Jugend hat Konkurrenz eine Rolle gespielt hat?

Wenn dir heute Konkurrenz im Alltag begegnet, wie gehst damit um? Beginnst du ebenfalls zu konkurrieren?

Was ist ein Leben bringendes Verhalten als Königstochter, um Konkurrenz zu begegnen?

Schon die zweite Frau in zwei Tagen entschuldigt sich bei mir schon beim Betreten ihrer Wohnung für das Chaos, das darin herrscht (und das sich objektiv betrachtet in Grenzen hält). Diese Unsicherheit, was andere von einem denken könnten, weil die äußeren Umstände eventuell gerade wenig glamourös wirken – besonders ausgeprägt bei und unter Frauen.

Dabei geht's nicht glamouröser als royal zu sein, oder? Du wertest jeden Raum auf, bist die eigentliche Deko. Dein Strahlen lässt jedes Chaos blass aussehen.

By the way: Gegen Unordnung hilft der Friede Gottes.
Nicht der Putzlappen.

S.S.

KOSTBARE HERZENSFREUNDIN

Seht, wie prachtvoll zieht die Königstochter in den Festsaal ein! Ihr Kleid ist mit Gold durchwebt, in ihrem farbenfrohen Gewand wird sie zum König geführt; und Jungfrauen, ihre Freundinnen, begleiten sie. Mit Freudenrufen und hellem Jubel wird der feierliche Brautzug in den Palast geleitet.

Psalm 45,14 –16

Beinahe jede Frau hat Freundinnen. Jede dieser Freundschaften ist einzigartig und kostbar. Die Freundschaften miteinander zu vergleichen nimmt ihnen ihre Einzigartigkeit.

Vater Gott wünscht sich für seine Töchter Beziehungen und Freundschaften. Eine Königstochter spiegelt als Herzensfreundin die Liebe von Vater Gott. Die Sehnsucht nach einer Herzensfreundin hat er in uns gelegt.
Als Herzensfreundin leben wir in Freiheit, Offenheit und Lebensfreude das Leben einer Königstochter.

Ich bin mit Büchern wie „Pippi Langstrumpf" und „Hanni und Nanni" groß geworden. Ich liebte die Freundschaften, die darin beschrieben wurden. Menschen, die miteinander durch dick und dünn gehen. Da ich als Einzelkind aufgewachsen bin, war die Sehnsucht nach einer Herzensfreundin, jemandem, mit dem ich alles teilen konnte, vielleicht noch größer.
In meiner Kindheit und Jugend hatte ich zwei Freundinnen. Jedoch waren es Freundschaften, in denen ich mich nicht wohl fühlte. Das lag nicht an meinen Freundinnen, sondern an mir. Ich fühlte mich schuldig und nie glücklich in einer Freundschaft. Eine Schlüsselrolle spielte meine Mutter. Sie wollte mit mir

Zeit zu verbringen, mit mir ihr Leben teilen. Das war mir zu viel.

Einmal fragte ich sie: „Mama, sag mal, hast du denn eigentlich keine Freundinnen? Meine Mutter schaute mich an und meinte: „Nein, das brauche ich nicht mehr. Früher hatte ich das, jetzt habe ich dich. Ich kann mit dir über alles sprechen, über Dinge wegen Papa und Dinge, die mich beschäftigen."

Als ich diesen Satz hörte, dachte ich: „Ich will nicht so eine Freundin für meine Mutter sein." Doch ich traute mich nicht, ihr das zu sagen. Ich dachte, es sei meine Aufgabe, denn sonsten hätte meine Mutter keine Freundin gehabt und wäre ganz allein gewesen. Das wollte ich nicht.

So war es für mich lange Zeit unmöglich, eine Herzensfreundin zu haben. Aus meiner Sicht war meine Mutter auf jede meiner Freundinnen eifersüchtig. Sie machte meine Freundinnen ununterbrochen vor mir schlecht und wies mich auf ihre Fehler hin.

Mit der Zeit verstand ich, eine Herzensfreundin zu haben und eine zu sein, hängt mit meiner Identität zusammen.

Ich habe lernen dürfen, Herzensfreundin zu sein. Ich habe nicht gewusst, wie es geht, zu Freundinnen eine tiefe Vertrautheit zu haben. Manchmal spürte ich, dass ich mit Freundinnen konkurrierte oder dachte, andere Freundschaften seien ihnen wichtiger als die zu mir. Aufgrund meiner Erfahrungen hatte ich Angst, sie als Freundinnen zu verlieren. In diesem Zusammenhang begann ich, über biblische Freundschaften, wie zum Beispiel von David und Jonathan oder von Maria und Elisabeth, nachzudenken. Diese Freundschaften sind frei von Konkurrenz und geprägt von einem gegenseitigen tiefen Vertrauen. Freundschaften sind dynamisch und lebendig.

Wahre Herzensfreundschaften bleiben ein Leben lang, auch wenn man nicht immer zusammen ist. Wenn man sich wieder trifft, ist es so, als ob man nie getrennt gewesen ist.

Als Königstochter bist du eine kostbare Herzensfreundin.

HERZENSIMPULSE

🦋 Was ist für dich der Unterschied zwischen einer Freundin und einer Herzensfreundin?

🦋 Wann fühlst du dich in einer Freundschaft wohl?

🦋 Gibt es Menschen, von denen du ungesunde Freundschaftsstrukturen gelernt hast?

🦋 Gibt es Bereiche als Herzensfreundin, in denen du nicht Königstochter bist?

🦋 Wie geht es dir, wenn du merkst, dass sich deine Freundschaften verändern? Was hat dir und deinem Herzen dabei geholfen, Frieden darüber zu bekommen?

Danke, Herr,
für die Kostbarkeit von Freundschaft.
Du selbst sagst ja zu uns: "Ihr seid meine Freunde."
Du liebst es, uns deine Freunde zu nennen und tiefe
Vertrautheit mit uns zu haben und so, wie du es liebst,
dass wir deine Freunde sind, können wir auch Freundschaft mit
anderen Menschen hier auf der Erde leben.
Danke, dass ich Freundin sein darf und mich verschenken kann und
dass du mir kostbare, wertvolle Freundschaften, die mein Leben
bereichern, geschenkt hast und auch immer wieder schenkst.
Auch wenn sich im Laufe des Lebens Freundschaften vielleicht
verändern, bleibt der kostbare Schatz dieser Zeit
für immer in meinem Herzen.
Danke, dass du jeder Frau solche kostbaren
Verbindungen der Freundschaft
schenken kannst und willst.
Amen.

B.Z.

EIN LICHT IN DER WELT

Ihr seid das Licht der Welt.
Es kann die Stadt, die auf einem Berge liegt, nicht
verborgen sein. Man zündet auch nicht ein Licht an
und setzt es unter einen Scheffel, sondern auf einen
Leuchter; so leuchtet es allen, die im Hause sind.
So lasst euer Licht leuchten vor den Leuten,
damit sie eure guten Werke sehen
und euren Vater im Himmel preisen

Matthäus 5,14—16

Wenn Königstöchter aufstehen und in ihrer Schönheit strahlen, leben sie das, wonach Jesus sich sehnt. Egal wie widrig deine Lebensumstände waren oder sind, die Berufung, die Vater Gott in dich hineingelegt hat, wird zum Strahlen kommen.

Unabhängig davon, was du erlebt hast, spricht dir Vater Gott zu: „Du bist meine geliebte Königstochter, ich werde deine Wunden heilen. Dir braucht nicht peinlich und unangenehm sein, was du in deiner Kindheit und Jugend erlebt hast. Du musst dich nicht für deine Familie, für deine Schuldgefühle, für deinen Schulabschluss, für dein bisheriges Leben schämen. Du bist ein Licht in der Welt. Ich möchte nicht mehr, dass du dich länger verbirgst. Wenn die Welt dich ansieht, wird sie meine Liebe erkennen."

Vor einiger Zeit hat Jesus mir den Vers aus Jesaja 60,1 aufs Neue wichtig werden lassen. Mir wurde bewusst, dass dieser Vers meine Berufung für mein Leben wiedergibt: Steh auf, werde Licht! Denn dein Licht ist gekommen und die Herrlichkeit des HERRN ist über dir aufgegangen. (Elberfelder)

Während ich über den Vers nachdachte, hatte ich den Eindruck, dass Vater Gott zu mir sagt: „Weißt du, dass es im Neuen Testament eine ähnliche Stelle gibt? Du kennst sie gut." Im ersten Moment war ich etwas begriffsstutzig. Dann fiel es mir wie Schuppen von den Augen. Vater Gott erinnerte mich an meinen Taufvers aus Matthäus 5,14–16. Als mir dies bewusst wurde, schossen mir Tränen aus den Augen. Ich weinte und weinte.

Seit ich denken kann, hatte ich keinen Bezug zu meinem Taufvers. Ich konnte nicht verstehen, warum meine Eltern mich in der Klinik nottaufen ließen. Zumal es, wie sie selbst sagten, dafür keinen medizinischen Grund gab. Ich habe nicht verstanden, wie meine Eltern sich 15 Jahre auf ein Kind hatten freuen können, um mich dann ohne einen Grund, den sie mir hätten sagen können, in einer anonymen Krankenhauskapelle taufen zu lassen.
Obwohl ich dies meinen Eltern vergeben hatte, fand ich über Jahrzehnte trotz Gebet keinen persönlichen Bezug zu meinem Taufvers. Ich war die ganze Zeit der Überzeugung, dass der Pfarrer diesen Vers aus einer Not heraus ausgesucht hatte. Zu sehen, dass Vater Gott dem damaligen Pfarrer diesen Vers aufs Herz legte, weil mein Leben schon immer in Gottes Händen stand, berührte mich tief.

Kannst du dir vorstellen dass dein Taufvers, dein Kommunionsvers, dein Konfirmationsvers oder Vers bei deiner Kindersegnung kein Zufall ist?

Vater Gott hat durch deinen Taufvers, deinen Kommunionsvers, deinen Konfirmationsvers oder deinen Vers bei deiner Kindersegnung zu dir gesprochen und dir einen Hinweis darauf gegeben, wie du in dieser Welt als seine geliebte Königstochter Licht sein kannst.

HERZENSIMPULSE

🦋 Was bedeutet für dich konkret „Licht für die Welt zu sein"? Was heißt für dich aufstehen und strahlen? In welchem Lebensbereich ist das eine besondere Herausforderung oder besondere Verheißung?

🦋 Lese deine Verse aus der Bibel, die dich in deinem Leben begleiten, und denke über sie nach. Gibt es einen wichtigen Zusammenhang oder eine besondere Verheißung für dein Leben?

du bist das Licht der Welt

C.M.

DAS GOLD IM ANDEREN

Gott, der Herr, hat mir eine Zunge gegeben, wie sie Jünger haben, dass ich wisse, mit den Müden zu rechter Zeit zu reden. Er weckt mich alle Morgen; er weckt mir das Ohr, dass ich höre, wie Jünger hören.

1.Samuel 20,9

Als Gott uns geschaffen hat, hat er uns erschaffen, um Beziehung zu leben. Eine Beziehung lebt aus dem Vertrauen zueinander, daraus, Zeit miteinander zu verbringen und zu reden, einander zuzuhören und zu verstehen. Wörter sind wichtig für Gott. Er hat die Welt geschaffen durch sein Wort. Durch sein Reden sind Dinge entstanden (Johannes 1,1).
Als Jesus gesprochen hat, wurden Menschen satt und geheilt, Tote standen auf, Menschen wurden von Dämonen befreit, Beziehungen wurden wiederhergestellt.

Jesus versichert uns, dass wir die Fähigkeit besitzen, seine Stimme zu hören und zu verstehen (Johannes 10,27). Weil Gott uns unterschiedlich geschaffen hat, hören wir Gott auch unterschiedlich, zum Beispiel durch die Bibel (Psalm 119,105), Träume (Joel 2,38), Visionen (Joel 2,28), Farben (Genesis 9,13–14), die Schöpfung (Psalm 19,1–4) , Umstände (Psalm 37,23), Worte der Erkenntnis (1.Korinther 12,8), Schmecken (Psalm 34,9), Hören (1.Samuel 3,10) und Fühlen (Markus 5,27).
Wenn wir uns gegenseitig mit prophetischen Worten ermutigen, freut sich Vater Gott darüber (1.Korinther 14,3). Jedes Mal, wenn wir einander prophetisch ermutigen, leben wir im Willen Gottes.
Ein prophetisches Wort, das dem Herzen Gottes entspringt, wird nie jemand bloßstellen, demütigen oder beschämen. Der heilige Geist, der in uns wohnt, wird uns in alle Wahrheit führen und nicht das beschämende Wort eines Dritten.

Vater Gott liebt es, wenn wir uns entscheiden, ein Leben der Ermutigung zu führen. Einen Lebensstil der Ermutigung zu haben, bedeutet, das Wertvolle, das Besondere, das Gold im Nächsten zu sehen und mit ihm dieses Gold zu teilen. Es geht darum, ihm die Perspektive von Gott zuzusprechen – seine Perspektive über sein Leben, eine bestimmte Situation, ein bestimmtes Erlebnis. Denn das Schlechte zu sehen und zu bennen fällt leicht und hat nichts mit Prophetie zu tun. Das heißt nicht, dass wir Dinge im Lebensstil eines anderen gut finden müssen.

Wenn du als Königstochter prophetisch durch ermutigende Worte in das Leben von Menschen sprichst, kann dies für sie eine liebende Umarmung von Vater Gott sein. Du veränderst hiermit ihre Welt.

Persönlich liebe ich es, Mitmenschen durch prophetische Worte zu ermutigen. Eine wunderbare Gelegenheit ist für mich das Warten in einer Schlange an der Supermarktkasse. Oft war ich anfangs genervt, dass ich eine gefühlte Ewigkeit brauche, bis ich an der Reihe bin. Mit der Zeit habe ich gelernt, dass Gott mein Genervtsein verwendet, um auf die Kassiererin aufmerksam zu werden. Wenn das geschieht, verfliegt mein Genervtsein, denn ich weiß, dass ich nun das Vorrecht habe, das Gold in dieser Frau zum Leuchten zu bringen. Ich frage dann Vater Gott: „Was braucht diese Frau gerade von dir? Was möchtest du ihr sagen?"

Wenn sie mir mein Geld rausgibt oder wir beide warten, bis das Geld von meiner Bankkarte abgebucht ist, ermutige ich sie: „Ich finde, ihnen steht ihre Brille ausgezeichnet." „Ich bewundere es, dass sie nach einem so langen Arbeitstag noch so viel Geduld besitzen."

[Vielleicht stellt sich dir die Frage, ob so etwas bereits ein „echtes" prophetisches Wort ist. Ich verstehe deine Frage. An dieser Stelle kann ich darauf nicht näher eingehen, da die Reise-Etappe eine anderes Thema hat. Überlege dir, ob du die Bücher von Steve Thompson[24] und Kris Vallotton[25] zum Thema Prophetie lesen möchtest.]

Es berührt mich zu sehen, wenn sich das Gesicht und das gesamte Wesen der Frau verändert, wenn sie eine Ermutigung gehört hat. Mich durchströmt eine tiefe Freude zu wissen, für Vater Gott war dies eine Möglichkeit, ihr zu

sagen: „Auch wenn du mich vielleicht noch nicht kennst, bist du in meinen Augen wertvoll und ich liebe dich."

Wenn du deine Mitmenschen aus den Augen Gottes ermutigst, siehst du als Königstochter das Gold im anderen.

HERZENSIMPULSE

🕊 Wie sind deine Eltern miteinander umgegangen, haben sie sich ermutigt oder gegenseitig kritisiert?

🕊 Wie redet Gott mit dir? Wie hörst du Gottes Reden?

🕊 Was bedeuten für dich Ermutigungen? Welche Ermutigungen hast du erlebt?

🕊 Wie kannst du zur „Goldentdeckerin" werden?

🕊 Welche Situationen könntest du nutzen, um Menschen mit prophetischen Worten zu ermutigen?

🕊 Wie könntest du einen Lebensstil der Ermutigung in deinem Leben etablieren?

Danke, Herr,
für alle ermutigenden Worte,
für all das Gold, das andere durch dich
in mir gesehen haben.
Ich danke dir für ihren Mut, mir das zuzusprechen,
und dass es so viel Veränderung und Freiheit in mein Leben
gebracht hat und bringen wird.

Ich danke dir, dass du uns aufforderst, die gute Botschaft zu
verkündigen. Diese gute Botschaft heisst auch, das Gold
im andern zu sehen und hervorzurufen. So bitte ich dich:
Gib mir Ohren, um zu hören, gib mir Augen, um zu sehen,
gib mir ein weiches Herz, um deine Liebe weiterzugeben und
dein Leben und deine Schönheit hervorzurufen, da wo Asche,
Trauer, Hoffnungslosigkeit und Verzweiflung sind.

Dazu bin ich als Königstochter berufen,
dein Heil zu verkündigen.
Amen

B.Z.

BERUFEN, DIE WELT ZU VERÄNDERN

Der Geist Gottes, des Herrn, ist auf mir,
weil der Herr mich gesalbt hat.
Er hat mich gesandt, den Elenden gute Botschaft
zu bringen, die zerbrochenen Herzen zu verbinden,
zu verkündigen den Gefangenen die Freiheit,
den Gebundenen, dass sie frei und ledig sein sollen.

Jesaja 61,1

Der Geist Gottes, des Herrn, ist auf dir, [dein Name], weil der Herr dich gesalbt hat. Er hat dich, [dein Name] gesandt, den Elenden gute Botschaft zu bringen, die zerbrochenen Herzen zu verbinden, zu verkündigen den Gefangenen die Freiheit, den Gebundenen, dass sie frei und ledig sein sollen.

Weil du einzigartig bist, bist du eine Gesandte. Du bist in diese Welt gesandt, wie sonst niemand. In dir liegt ein Schatz, ein Diamant, den Vater Gott in dich als seine Königstochter hineingelegt hat. Nur du kannst ihn zum Leuchten bringen. Dieses Leuchten wird die Welt prägen und verändern.
Wenn in deinem Herzen die Sehnsucht nach Einzigartigkeit liegt, danach, etwas Unverwechselbares zu tun, dann spiegelt dies etwas wider, was Gott als dein Schöpfer in dich hineingelegt hat. Als Vater Gott dich geschaffen hat, hat er dies schon in dich hineingelegt. Wir lesen in Genesis 1, dass Gott die Menschen als sein Abbild schuf.

Es kann sein, du denkst, dass du die Welt nicht prägst oder dass andere Menschen dies besser können als du. Doch darum geht es nicht in diesem Vers. Solche Gedanken können wie ein innerer Antreiber sein und Gott spricht uns zu, dass durch Jesus der Stecken des Antreibers zerbrochen ist (Jesaja 9,4). Sie spiegeln einen Lebensstil des Gefangenseins wider. Man kann nicht jemanden aus einer Gefangenschaft führen, wenn man selbst gefangen ist.

[Wenn dir solche „Gefängnisgedanken" vertraut sind, möchte ich dich einladen, eine Pause auf dieser Etappe zu machen und dir Zeit zu nehmen, zu schauen, woher diese Gedanken des Vergleichens in deinem Leben kommen. Impulse, mit deren Hilfe du den Lebensstil des Vergleichens beenden kannst, findest du in den Etappen „Frei von Konkurrenz" und „Einzigartig sein".]

Höre auf, dich mit anderen zu vergleichen. Ein Lebensstil des Vergleichens ist das größte Gift für die Schönheit einer Königstochter. Vergleichen lähmt. Sich mit jemandem zu vergleichen, hat nichts damit zu tun ein Vorbild zu haben, denn Vorbilder ermutigen.

Du kannst nicht die Welt prägen wie deine Eltern, deine beste Freundin, Mutter Theresa oder Elisabeth von Thüringen. Elisabeth von Thüringen lebte im 13. Jahrhundert und gründete am Fuß der Wartburg das erste Hospital in „Deutschland". Jedes Krankenhaus, welches heute in Deutschland existiert, ist letztlich auf sie zurückzuführen.

Es gibt niemand auf dieser Welt, der so ist wie du. Du prägst und veränderst die Welt, weil du als Gottes Königstochter sein Abbild bist. Du veränderst und prägst die Welt durch dein Sein.

HERZENSIMPULSE

🦋 Was heißt für dich in deinem Leben „den Elenden gute Botschaft zu bringen, die zerbrochenen Herzen zu verbinden und zu verkünden den Gefangenen die Freiheit"?

🦋 Durch was möchtest du die Welt prägen?

🦋 Zu was hat dich Vater Gott berufen?

Im Original ist die Tänzerin weiß und der Hintergrund violett. Diese beiden Farben vermischen und ergänzen sich im Bild. Weiß steht u.a. für Reinheit, Heiligkeit und Brautsein. Violett symbolisiert u.a. Gottes Gegenwart und Königsherrschaft.

DIE WÜRDE DER ANDEREN

Von sich aus kann der Sohn gar nichts tun,
sondern er tut nur das, was er auch den Vater tun sieht.
Was aber der Vater tut, das tut auch der Sohn!
Denn weil der Vater den Sohn liebt, zeigt er ihm
alles, was er selbst tut.

Johannes 5,19—20

Vater Gott nimmt jeden Menschen ernst, respektiert seine Entscheidungen und seine Grenzen. Dadurch wird seine bedingungslose Liebe und Annahme sichtbar. Weil Jesus ausschließlich das tat, was er seinen Vater hat tun sehen, ging er genauso mit den Menschen um.

Aus diesem Grund fragt Jesus den Blinden: „Was willst du, dass ich dir tun soll?" (Lukas 18,41). Im ersten Moment scheint die Frage vielleicht ironisch zu sein, denn Jesus wusste, dass er nicht sehen konnte. Doch Jesus nahm den Blinden ernst und respektierte ihn. Jesus ging mit ihm würdevoll um.

Als der Pharisäer Nikodemus, ein Gelehrter, zu ihm kam, stellte ihn Jesus nicht bloß, indem er sagte: „Du hast Angst und besitzt wenig Mut. Wenn dich wirklich interessiert, was ich dir zu sagen habe, dann komme am helllichten Tag zu mir – und nicht in der Nacht (Johannes 3,1–21). Jesus respektiere die Grenzen von Nikodemus. Er behandelte ihn mit Würde, Liebe und Annahme, denn er war bereit, sich mit ihm in der Nacht zu treffen. Dieser äußere Umstand führte dazu, dass nicht jeder von dem Treffen wusste.

Das Verhalten von Jesus zeigt einen Lebensstil, mit seinen Mitmenschen in Würde umzugehen. Er verhielt sich so, wie er „sah" bzw. wusste, dass Gott mit ihnen umgeht.

Wenn wir die Würde des anderen respektieren:

- akzeptieren wir die Grenzen des Nächsten,
- gehen wir respektvoll in Gesprächen miteinander um,
- hören wir uns gegenseitig zu, was uns bewegt, damit wir einander verstehen,
- sehen wir das Gold im Leben unserer Mitmenschen,
- nehmen wir die Meinung und Entscheidung unseres Gegenüber ernst und lassen diese stehen.

Es kann sein, dass du dir wünschst, ein Leben zu leben, in dem du würdevoll mit deinen Mitmenschsen umgehst. Jedoch merkst du, dass sich dein Verhalten verändert, sobald du mspürst, dass die Situation mit deinem Nächsten herausfordernd wird.
Wenn Differenzen in eine Beziehung kommen, entstehen Ängste. Diese Ängste können dazu führen, dass es dir schwerfällt, die Grenzen und die Würde von deinem Nächsten zu respektieren. Vielleicht hängt es damit zusammen, dass du selbst in der Kindheit erlebt hast, dass deine Grenzen nicht geachtet und deine Würde nicht respektiert wurden.

[Möglicherweise ist es für dich hilfreich, die Etappe „Meine Würde als Königstochter" nochmals oder zum ersten Mal zu lesen, bevor du in dieser Reise-Etappe weiterliest. Überlege dir, ob du das tun möchtest.]

Wir können miteinander würdevoll umgehen, weil wir unsere Würde von Vater Gott erhalten und nicht durch das Lob, die Rückmeldungen oder die Wertschätzung von anderen.

Vater Gott befähigt dich als Königstochter, einen Lebensstil zu entwickeln und zu gestalten, in dem du würdevoll mit deinem Nächsten umgehst, unabhängig davon, wie sich dieser dir gegenüber verhält.

HERZENSIMPULSE

⬥ Was bedeutet für dich konkret, in einem Konflikt die Würde des anderen zu respektieren?

⬥ Wie kannst du einen Lebensstil als Königstochter lernen, der von Würde dir gegenüber und deinen Mitmenschen geprägt ist?

„Die Würde des Menschen ist unantastbar. Sie zu achten und zu schützen ist Verpflichtung aller staatlichen Gewalt." Erinnerst du dich?

Mir kommt der erste Teil dieses Satzes meist in den Sinn, wenn ich das Wort „Würde" höre. Steht im deutschen Grundgesetz: Artikel 1, Absatz 1.

Nicht nur deine Würde ist wichtig, gehört „geachtet" und „geschützt". Dieser Grundsatz gilt für jeden Menschen. Jeder besitzt Würde. Das bedeutet, er besitzt eine Seinsbestimmung. Die verdient man sich nicht. Die ist in jeden Menschen von Geburt an hineingelegt.

Wozu sind Menschen geschaffen? Da denke ich an eine Aussage aus „Die Hütte" von Paul Young. Der Vogel wurde geschaffen, um zu fliegen. Der Mensch wurde geschaffen, um geliebt zu werden. Wenn ein Mensch lebt, als würde er nicht geliebt, ist das so, als stutze man einem Vogel die Flügel. Nun, ob ein Mensch sich lieben lässt, ist (s)eine Sache. Und wenn er es nicht tut, gilt es, das zu respektieren. Es ist nicht unsere Aufgabe, ihn dazu zu bringen, Liebe anzunehmen. Unsere Aufgabe besteht darin, ihm Liebe zu schenken – auch, indem wir seine Würde wahren und achten.

S.S.

FREI VON MANIPULATION

Zur Freiheit hat uns Christus befreit!
So steht nun fest und lasst euch nicht wieder
das Joch der Knechtschaft auflegen.

Galater 5,1

Es liegt Gott am Herzen, uns zu ermutigen, in der Freiheit zu leben, die er als unser Vater für uns bereithält. In seinen Augen bedeutet Freiheit, ein Leben zu leben, in dem es keine Angst gibt und in dem Entscheidungen nicht von Angst beeinflusst werden. Es entspringt dem Wesen Gottes, dass wir als seine Königskinder selbstständige Entscheidungen treffen können. Vater Gott vertraut uns.

Du wirst zu einer schönen und starken Königstochter, wenn du beginnst, Systeme von Angst, Lüge, Missbrauch und Manipulation zu erkennen, zu enttarnen und zu entmachten. Diese Systeme können so vertraut sein, dass man selbst nicht darauf kommen würde, dass eine Handlung letztendlich aus Angst oder durch Manipulation einer anderen Person entstanden ist.

In manipulativen Systemen geht es darum, Menschen zu kontrollieren, um sie zu einer bestimmten Handlung zu bewegen.

Ein typisches Verhalten von Menschen, die mit Angst oder Manipulation arbeiten und in diesen Systemen leben, ist, dass sie versuchen, jemand dazu zu bringen, eine Lösung für ihr eigenes Problem zu finden oder für ein Problem, das sie ungefragt zu dem ihrigen gemacht haben.

Oft wird in diesem Zusammenhang mit Schuldgefühlen gearbeitet. Entscheidend ist, dass dahinter eine Form von zwischenmenschlicher Gewalt steht. Gewalt geht immer mit Ausübung von Macht, Zerstörung und dem Verlust der zwischenmenschlichen Beziehung einher.

[Vielleicht geht es dir nicht nur in zwischenmenschlichen Beziehungen so, sondern du hast das Empfinden auch Gott gegenüber. Hast du schon einmal den Gedanken gehabt, dass Gott dich manipulieren möchte? Es kann sein, dass es dir unangenehm ist, das einzugestehen. Du weißt von deinem Verstand, dass dem nicht so ist. Dein Herz spricht jedoch eine andere Sprache. Falls das so ist, möchte ich dich einladen, dir zu überlegen, ob du Zeit mit den Gedanken aus dem Reiseabschnitt „Das Wesen Gottes als Vater" verbringen möchtest. Unabhängig davon, ob du den erwähnten Reiseabschnitt schon einmal gelesen hast.]

Das Leben in diesen Systemen kann man mit dem Klavierspiel vergleichen. Es gibt ein Klavier und einen Klavierspieler. Eine Person, der Klavierspieler, weiß (bewusst oder unbewusst) genau, welche Taste er anschlagen muss, um einen bestimmten Ton zu bekommen. Dieser Ton kann eine bestimmte Entscheidung, Verhalten oder Handlung sein. Manchmal sind wir der Klavierspieler und manchmal reagieren wir „als Taste" auf den Druck eines Spielers.

Vater Gott lädt dich ein, als Königstochter einen Lebensstil zu entwickeln und zu leben, der frei von Manipulation ist.

HERZENSIMPULSE

🦋 Kannst du dich an eine Situation in deinem Leben erinnern, bei der du weißt, du hast so entschieden, um es jemandem Recht zu machen oder um keinen „Ärger" zu bekommen?

🦋 Wie haben sich deine Eltern in deiner Kindheit und Jugend verhalten, wenn du Entscheidungen getroffen hast, die sie nicht geschätzt haben?

🦋 Konntest du in deiner Kindheit „falsche" Entscheidungen treffen und wusstest, dass deine Eltern dich dennoch lieben?

MUT ZUR WAHRHEIT

Tod und Leben stehen in der Macht der Zunge;
wer sie liebevoll gebraucht, genießt ihre Frucht.

Sprüche 18,21 (EÜ)

Viele innere Verletzungen, die wir erleben, entstehen durch ausgesprochene Worte oder durch Worte, die nicht gesagt werden. Worte, die verletzen, können kein Leben bringen. Wir alle sprechen Worte aus und empfangen Worte.

Worte, die wir hören
Unabhängig davon, ob die Worte, die wir hören positiv oder negativ sind, ist es unsere Entscheidung, wie wir damit umgehen, ob wir zulassen, dass sie uns verletzen. Wenn Worte zu uns gesagt werden, die uns einengen, klein machen, erniedrigen, demütigen oder manipulieren wollen, können wir entscheiden, wie wir damit umgehen. Worte, die über uns ausgesprochen werden, können sich zu Lebenslügen formen. Niemand kann uns zwingen, diesen Lügen zu glauben oder sie als wahr zu bezeichnen. Wir haben die Veratwortung, unser Herz zu schützen.
Daher ist es für eine Königstochter weise, bei Worten, die über ihr ausgesprochen werden oder zu ihr gesagt werden, Vater Gott zu fragen, ob diese Worte seinem Herzen entsprechen: „Vater Gott, siehst du es auch so? Kannst du mir sagen, wie deine Sicht darüber ist? Vater Gott, was denkst du? Wie beurteilst du die genannte Situation?".

Natürlich können wir uns nicht an alle Sätze, die über uns ausgesprochen wurden, erinnern. Wenn wir uns auf eine Reise als Königstochter begeben, wird Vater Gott Lebenslügen offenbaren, die wie Flüche auf unserem Leben liegen. Er schenkt uns durch Jesus Befreiung von diesen Worten und wir können von ihm hören, was seine Wahrheit über diese Lügen ist.

[Wenn du merkst, dass es solche Festlegungen in deinem Leben gibt, du im Moment jedoch keine konkret benennen kannst, kann es eine hilfreiche Entscheidung für dich sein, nochmals oder zum ersten Mal die Reise-Etappen „Die Wurzeln meines Seins" und „Meine Identität als Königstochter" zu lesen.]

Worte, die wir aussprechen
Es liegt in unserer Entscheidung, ob die Worte, die wir aussprechen, ermutigen oder zerstören.
Ganz gewiss ist dies herausfordernd, wenn wir jemandem auf einen grenzüberschreitenden oder respektlosen Satz eine Antwort geben. Werden wir in unseren Antworten zu Opfern oder zu Tätern? Können wir uns in einer Situation, die für uns emotional herausfordernd ist, um unsere Gefühle und unsere Wut kümmern und dafür Verantwortung übernehmen?

[Wenn du merkst, dass es dir zwar leichtfällt, jemand zu ermutigen, dich jedoch respektlose und abwertende Sätze provozieren, und du merkst, wie in dir Wut aufsteigt, kann es für dich hilfreich sein, dich in die Etappen „Wertvolle Kommunikation" und „Herzensbeziehungen leben" zu vertiefen.]

Worte, die uns manipulieren
Wie antworten wir jemandem, der sich in einer Opferrolle befindet oder unbewusst versucht, durch seine Sätze zu manipulieren? Werden wir in das Spiel von Manipulation einsteigen oder werden wir entscheiden, in Mut und Liebe respektvoll die Wahrheit zu sagen?

Eine Person sagt zu dir: „Mein Leben ist im Moment so schwer und ich weiß gar nicht, was ich tun soll. Im Moment läuft alles schief. Jede Entscheidung, die ich treffe, ist die falsche." Unbewusst sagt diese Person zu dir: „Ich möchte keine Verantwortung für mein Leben übernehmen. Du hast aber den Durchblick. Kannst du mir helfen und sagen, wie ich mich in Zukunft verhalten soll? Dann kann ich dir das nächste Mal die Verantwortung geben, wenn etwas schiefgeht."
Wie wirst du darauf antworten? Wirst du in deiner Antwort dein Gegenüber stärken, dass er selbst fähig ist, gute und reife Entscheidungen zu treffen, oder bist du bereit, auf seine Manipulation einzugehen?

Eine respektvolle Antwort mit dem Mut zur Wahrheit könnte sein: „Ich verstehe dich. Manchmal ist das Leben wirklich schwer. Ich kann dir nicht genau sagen, wie dein Weg aus dieser Situation aussehen kann. Hast du eine Idee, wie du neue Impulse und Unterstützung bekommen könntest?"

Als eine kraftvolle, starke und liebende Königstöchter hast du Verantwortung für die Worte, die du empfängst, und für die Worte, die du sprichst. Du hast Mut zur Wahrheit.

HERZENSIMPULSE

🦋 Was machst du, wenn Worte, die über dich ausgesprochen werden, nicht der Wahrheit entsprechen? Wie hast du dich in der Vergangenheit verhalten?

🦋 Wenn jemand versucht, dich zu manipulieren, kannst du ihm eine respektvolle Antwort geben, so dass er die Möglichkeit erhält, wieder Verantwortung für sein Handeln zu übernehmen? Wie könnte eine solche Antwort aussehen?

In meiner Zunge liegt die Macht,
sie kann brutal sein und auch sacht.
Doch oft ist es schwer, sie richtig zu nutzen,
freundlich zu sein, anstatt dich zu stutzen.

Mein innerer Schmerz will halt auch raus,
oft dreh ich dir dann 'nen Strick daraus.
Mein Reden ist ab und an ziemlich zerstörend.
Oder zumindest wohl etwas verstörend.

Doch manchmal gestaltet es sich auch ganz anders
und ich sag mir selbst „He, man, ich kann das!".
Dann höre ich dir ausführlich zu,
erkenn aber nicht den „Opfer-Schuh".

Der Schuh lässt dich denken, du seist ganz klein,
und brauchst ganz dringend ein Retterlein.
Schwupps nehm ich dir die Verantwortung weg.
Vermeintliche Hilfe – doch letztlich nur Dreck.

Wirklich erretten, das kann nur der Eine,
mit Leben in Fülle, ganz ohne Reißleine.
Seine Worte machen uns frei,
im Gegensatz zu vielem Alltags-Brei.

Deswegen lerne ich neu zu entscheiden,
welche Worte zu wählen und welche zu meiden.
Ich nehme mich ernst und achte auf Grenzen,
umschiffe alle Kontroll-Tendenzen.

In meiner Zunge liegt die Macht,
durch Mut zur Wahrheit gut bewacht.

S.B.

DIE FREIHEIT, ZU WÄHLEN

Ihr aber, Brüder und Schwestern,
seid zur Freiheit berufen. Allein seht zu, dass ihr
durch die Freiheit nicht dem Fleisch Raum gebt,
sondern durch die Liebe diene einer dem andern.

Galater 5,13

Um zu verstehen, wie sehr sich Vater Gott danach sehnt, dass wir in Freiheit leben und dass Freiheit ein Teil unseres Erbes als Königstochter ist, hilft es, an die Ursprünge unseres Seins zurückzugehen.

Wie könnten wir – rein theoretisch betrachtet – noch immer im Garten Eden leben?

Schnell denkt man, dass dies so wäre, wenn Eva nicht eine Frucht vom Baum des Lebens gegessen hätte. Diesem Gedanken fehlt der entscheidende Teil. Denn Vater Gott legte durch den Baum der Erkenntnis und den Baum des Lebens fest, wie die Beziehung zwischen dir und ihm geprägt sein soll. Er sehnt sich danach, eine Beziehung zu dir zu haben, in der du selbst Entscheidungen triffst. Jedes Mal, wenn du eine Entscheidung triffst, bei der Furcht keinen Raum hat, hüpft sein Herz vor Freude. Nur durch beide Bäume konnten Adam und Eva eine wirkliche Wahl treffen. Ansonsten wäre der Garten Eden ein goldener Käfig gewesen.

Doch auch dies ist noch immer nicht die ganze Antwort, denn die erste Frage, welche die Schlange an Eva richtete, lautete: „Sollte Gott gesagt haben ...?". Durch diese Frage kommt ein Lebensstil in den Garten Eden, der vorher nicht existierte – ein Lebensstil der Manipulation und Angst. Evas Entscheidung basierte auf der Furcht, dass Gott ihr etwas vorenthalten wollte.

[Wenn du merkst, dass Manipulation und Angst dein Leben prägen, möchte ich dir Mut machen, dir zu überlegen, ob du die Reise-Etappe „Frei von Manipulation" lesen magst.]

Als Kind, Jugendliche und als junge erwachsene Frau habe ich viele Entscheidungen aus der Angst getroffen, abgelehnt zu werden. Manchmal sahen meine angstmotivierten Entscheidungen von außen sogar so aus, als seien sie gut.
Es war für mich herausfordernd, mich zu entscheiden, wenn ich genau wusste, was sich mein Gegenüber von mir erhoffte. Auf dem Weg meiner inneren Heilung habe ich verstanden, dass wenig Selbstliebe vorhanden ist, wenn mein Lebensziel darin besteht, dass alle Menschen um mich herum glücklich und zufrieden sind.

Vater Gott hat mich berufen, als seine Königstochter mich von ganzem Herzen und von ganzem Verstand zu lieben und meinen Nächsten wie mich selbst.

Als Königstochter in Schönheit zu strahlen, bedeutet, Entscheidungen in Freiheit zu treffen.

HERZENSIMPULSE

🦋 Erinnere dich an Entscheidungen, die du getroffen hast? Schreibe sechs Entscheidungen auf – drei, die positiv für dich waren, und drei, die negativ für dich waren.

🦋 Wenn du Entscheidungen in deinem Leben triffst, versuchst du mit diesen, andere glücklich zu machen? Fallen von deinen oben genannten Entscheidungen welche in diesen Bereich?

🦋 Wie kannst du zukünftig in deinem Leben Entscheidungen treffen, bei denen du die Freiheit hast, ohne Angst zu wählen? Wie können dafür Schritte aussehen?

So wertvoll Wahlfreiheit ist, so anstrengend ist sie auch. Wahlfreiheit heisst Verantwortung zu haben und für die Folgen der Wahl einzustehen, geradezustehen.

Es liegt in der Natur einer Wahl, dass ich zwischen verschiedenen Optionen wähle. Mein "Ja" bedeutet immer ein "Nein" für eine andere Möglichkeit. Jede Entscheidung ist auch ein Verzicht. Um dem Schmerz von Begrenzungen, Einschränkungen zu entgehen, ist das Nichtentscheiden eine Möglichkeit, um die vielen Wünsche und Chancen festzuhalten.

Manche Menschen haben Angst, Entscheidungen zu treffen. Sie haben Sorge, Fehler zu machen oder dass andere sehen, dass sie gar nicht so gute und wohlüberlegte Entscheidungen treffen können.

Um zwischen Alternativen zu wählen und zu entscheiden, muss mir klar sein, was ich will. Das ist schwierig. Habe ich gelernt, meine Meinung zu äussern? Für sie einzustehen, sie notfalls zu verteidigen?

Es scheint ein einfacherer Weg zu sein, Entscheidungen anderen zu überlassen oder sich immer wieder rückzu-versichern: Eltern, Partner, Gemeinde(-leitung), Gott. Denn dann trägt der andere die Verantwortung, ist schuld.

Gott fordert uns heraus, Entscheidungen zu treffen und zu wählen. Er möchte, dass wir immer klarer in seinem Sinn unser Leben gestalten. Das bedeutet, dass er mehr Raum in uns gewinnt, dass wir als Königstochter, als Kind Gottes, leben. Kinder wissen, welche Entscheidungen Eltern lieben. So wird aus dem Geschenk der Freiheit die Aufgabe zu wählen. Mit jeder Entscheidung, die ich treffe, baue ich Gottes Reich in dieser Welt.

A.H.

DIE REISE DES SCHMETTERLINGS

Wenn Frauen in ihrer Identität als Königstochter leben, verändern sie den Lauf der Geschichte.

Du bist geliebt. Du bist eine Königstochter. Du bist du. Du bist einzigartig. Du bist wunderschön. Durch Frauen wie dich wird Geschichte geschrieben, weil du dich entschieden hast, dass nicht länger deine erlebten Verletzungen und Wunden dich prägen, sondern die Schönheit Gottes.

Deine Lebensgeschichte ist mit keiner weiteren zu vergleichen. Deshalb ist deine Reise als Königstochter einzigartig.

Ich freue mich mit dir, über die Reise-Etappen, die du besucht hast. Genauso freue ich mich mit dir, über Reise-Etappen, auf denen du entschieden hast, dass sie auf dieser Reise nicht zu deinen Reiseerlebnissen gehören werden. Vielleicht besuchst du sie beim nächsten Lesen.

Ich wünsche dir, dass du durch das Lesen von „Deine Reise als Königstochter" positiv herausgefordert wurdest und immer wieder wirst. Ich wünsche dir, dass du durch Jesus Heilung, Wiederherstellung und Freisetzung erlebt hast und immer wieder erlebst.
Jedes Mal, wenn du beim Lesen des Buches eine furchtlose Entscheidung gefällt hast, hast du dich für ein Leben, das von Liebe, Mut, Freude, Sicherheit, Stärke, Selbstannahme, Freiheit, Würde, Frieden sowie Respekt geprägt ist, entschieden. So strahlt deine Schönheit als Königstochter immer mehr.

Dein Leben als Raupe gehört der Vergangenheit an, um das Bild vom Anfang des Buches aufzunehmen. Auf deiner Reise als Königstochter verwandelst du dich in einen Schmetterling – sichtbar und wunderschön.

Die meisten Menschen machen auf einer Reise Fotos. Vermutlich hast du nicht regelmäßig von dir und dem Ort, an dem du „Deine Reise als Königs-

tochter" gelesen hast, ein Foto gemacht.

Wenn du Lust hast, kannst du noch im Nachhinein ein besonderes Reisefotoalbum kreieren. Ich möchte dir kurz vorstellen, wie dein Erinnerungsalbum aussehen kann:

- Schreibe jeweils auf ein farbiges Kärtchen den Titel der Reise-Etappen, die du besucht hast.
- Erstelle mit den Kärtchen eine Zeitleiste. Wenn du noch den Tag bzw. den Zeitraum weißt, kannst du dies ebenfalls auf dem jeweiligen Kärtchen notieren. Ordne nun deine Reise-Etappen zeitlich. Falls du dich nicht mehr erinnern kannst, wähle eine Reihenfolge, die für dich stimmig ist.
- Überlege dir nun zu jeder Reiseetappen einen kreativen Reisebeitrag und lege ihn daneben.
  Der kreative Reisebeitrag kann unterschiedlich aussehen. Hier ein paar Beispiele: Ein Wort oder ein Satz auf einem Kärtchen, das deine Heilung und Freisetzung in diesem Bereich beschreibt, ein Foto von dir, wie du etwas Neues beginnst, ein Foto von dir, wie du etwas ausprobierst, wie du eine neue (Lebens-) Haltung einnimmst, wie du in einem Gespräch ein neues Verhalten trainierst, ein Gebet, ein selbstgeschriebenes Gedicht, ein selbstgemaltes Bild ...
  Falls Malen und Dichten nicht deine Leidenschaften sind, vielleicht kennst du eine Postkarte, ein Gemälde, ein Foto, ein Bild oder Gedicht, das für dich zu der entsprechenden Reisetappe passt.
- Du kannst deine Reisezeitleiste fotografieren, ein Buch dafür anlegen oder in dein Reisetagebuch kleben, falls du eines geführt hast.

Schaue dir deine Reisezeitleiste an. Vielleicht hilft es dir, wenn deine Reiseleiste auf dem Boden liegt, auf einen Stuhl zu steigen und sie einmal von oben zu betrachten. So kannst du deutlicher sehen, welchen Weg du zurückgelegt hast und nimmst alle die Bereiche „schwarz auf weiß" wahr, in denen du Heilung und Wiederherstellung erlebt hast oder gerade dabei bist zu erleben.

Als Königstochter bereise ich schon seit mehreren Jahrzehnten unterschiedliche Plätze meines Herzens. Jede Heilung, Freisetzung und Wiederherstellung, die ich durch Vater Gott erlebe, ist für mich wie ein Fest. Ich bin darüber unendlich dankbar. Eine Tradition, die ich entwickelt habe, ist, nach bestimmten Reise-Etappen ein wirkliches Fest zu feiern.

Meine Feste haben verschiedene Gesichter: Ich feiere für mich alleine in einem Café mit einem Latte Macchiato, ich gehe mit meinem Mann essen, wir gehen als Familie ins Kino, ich lade Freundinnen zu meiner Feier ein ...

Ich möchte dich einladen, dir zu überlegen, wie du deine einzelnen Etappen feiern kannst. Vielleicht hast du Freude daran, ein „Reise-Fest" zu feiern.

Ein Fest als ein sichtbares Zeichen dafür, dass Vater Gott sich unendlich darüber freut, wenn du aufstehst und in deiner Schönheit als Königstochter strahlst. Eine Schönheit, die mutig, wahrhaftig, ehrlich, ermutigend, kraftvoll, würdevoll und in sich ruhend ist. Eine Schönheit von der Frieden, Sicherheit, Stärke, Selbstliebe, Liebe, Freude und Freiheit ausgeht. Eine Schönheit, die Vater Gott widerspiegelt. Ein Fest als ein sichtbares Zeichen dafür, dass, egal wie groß der erlebte Schmerz ist, die Liebe Gottes und seine Heilung größer ist.

Ich spreche dir als Königstochter zu, du liebst Gott von ganzem Herzen, mit ganzer Hingabe und mit deinem ganzen Verstand und deinen Mitmenschen wie dich selbst.

Viel Freude beim Feiern!

Herzensgrüße

Tanja Sauer

Die Krone empfangen

Du bist berufen, als Königstochter zu leben.

Vielleicht fragst du dich, ob der Begriff „Königstochter" im Buch verwendet wird, weil dieser gerade in aller Munde ist. Der Grund, weshalb du in diesem Buch den Begriff „Königstochter" liest, ist ein komplett anderer.

In der Bibel hat Gott verschiedene Namen. So wird er zum Beispiel einerseits „König" (Exodus 15,18) oder andererseits „Vater" (Matthäus 6,9) genannt. Der Apostel Paulus schreibt in Römer 8,15, dass Gott für uns ein liebender Vater ist und wir keine Angst und Furcht vor ihm haben brauchen.

Wenn er unser Vater ist, sind wir seine Königskinder, dann bist du seine Königstochter.

Vielleicht sehnst du dich danach, eine persönliche Beziehung zu Gott zu besitzen und merkst, dass du eine solche noch nicht hast. Wenn dem so ist, möchte ich dich einladen, dir zu überlegen, ob dies für dich ein guter Moment ist, eine Entscheidung zu treffen, von heute an als Königstochter, als eine Tochter von Vater Gott zu leben.

Vollkommen unabhängig davon, wie dein bisheriges Leben ausgesehen hat, wünscht sich Gott, dass du in eine Beziehung zu ihm trittst, die frei von Furcht ist. Er wartet auf dich. Er möchte dein Vater sein und sehnt sich danach, dass du sein Kind bist.
Vater Gott freut sich darüber, wenn du dein Leben, Handeln, Denken und Fühlen, dein ganzes Sein von ihm prägen lässt.

Als Jesus am Kreuz von Golgatha gestorben ist, ist gleichzeitig im Tempel in Jerusalem der Vorhang zerrissen (Matthäus 27, 51). Dies ist ein sichtbares

Zeichen, dass es durch den Tod Jesu nichts mehr gibt, was zwischen uns und Gott steht.

Wir haben durch Jesus einen direkten Zugang zu Vater Gott und seinem Herz. Wenn du möchtest, kannst du folgendes Gebet beten:

„Vater Gott, ich nehme dein Angebot an, das du durch Jesus deinen Sohn gemacht hast. Ich gebe dir alles aus meinem bisherigen Leben, was mich von dir trennt, und bitte dich um Vergebung, dass ich bisher ein Leben ohne dich gelebt habe (Johannes 3,16). Ich lade dich in mein Leben ein. Ich bin nun deine Königstochter. Danke, dass du mein liebender Vater bist."

Von Herzen Danke ich

Papa Gott: Ich liebe dich. Dich Papa nennen zu können, ist das wertvollste Geschenk in meinem Leben. Es gibt nichts Besseres, als deine Königstochter zu sein. Danke, dass du mir vertraust. Danke, dass du es liebst, wenn ich Grenzen setze. Danke, dass du es liebst, wenn ich kraftvolle und mutige Entscheidungen treffe. Danke, dass du mich ermutigst, ein Leben zu leben, das frei von Furcht ist. Danke, dass du es liebst, wenn ich als Königstochter aufstehe und in Schönheit strahle.

Bruno: Ich liebe dich. Es gibt nichts Schöneres, als deine Ehefrau zu sein. Durch dich bin ich in eine Dimension meines Königstochterseins gekommen, von der ich zuvor nicht wusste, dass es sie gibt. Danke, dass du jede meiner Ideen mit mir feierst. Danke, dass du mich ermutigt hast, mein drittes Buch in eineinhalb Jahren zu schreiben. Als ich das Gefühl hatte, dass das Schreiben sich anfühlt, wie in einem Sumpf zu laufen, hast du mir den Rücken freigehalten, damit ich in Ruhe schreiben konnte. Deine Gebete haben aus dem Schreibsumpf einen Schreibfluss gemacht. Jede Zeile des Buches hast du mit mir gefeiert. Du hast mich mit köstlichen Milchkaffees versorgt. Ich liebe es, gemeinsam mit dir zu lachen und durch dick und dünn zu gehen. Danke, dass wir gemeinsam – jeder auf seine Weise – Heilung und Wiederherstellung in das Leben von Menschen bringen.

Meinem Sohn: Ich liebe dich. Danke, dass du mein Sohn bist. Du bist der beste Sohn auf der Welt. Deine Mutter zu sein, ist für mich ein unendliches Vorrecht. Mit Bruno zusammen deine Eltern zu sein, ist für mich Lebensfreude pur. Ich liebe dein Herz, deine Leidenschaft, deine Träume, deine kreativen Ideen, deine liebende Wahrheit und deine Fähigkeit, die Herzen von Menschen zu verstehen. Ich habe durch dich in einer Tiefe erkannt, was es heißt, Gottes Kind zu sein, wie es ohne dich nie möglich gewesen wäre. Deine leidenschaftliche Liebe für Vater Gott berührt mein Herz. Du veränderst die Welt durch dein Sein.

Meinen Eltern: Für immer bin ich euch aus tiefstem Herzen dankbar, dass ihr die Sehnsucht und den Wunsch nach einem Kind nie aufgegeben habt. Danke, dass dieser Traum für euch so wichtig gewesen ist, obwohl die Welt um euch herum schon lange nicht mehr mit euch diesen Traum träumte. Ohne euch würde ich nicht leben. Danke, dass ihr meinen Wunsch, eine Kinderbibel haben zu wollen, ernst genommen habt und dieser Wunsch durch euch Wirklichkeit wurde. Danke, dass ihr euch gemeinsam mit mir auf den Weg gemacht habt, Jesus so lange zu suchen, bis wir ihn gefunden haben.

Meinem Kreativ-Team: Danke für die Herzensbeziehungen, die wir zueinander haben. Danke für eure Zeit, eure Leidenschaft, eure Liebe und euer Sein. Gemeinsam mit euch ist ein kostbarer Schatz entstanden. Ihr habt zusammen mit mir dieses Buch auf die Welt gebracht. Unsere Meetings sind für immer legendär: gemeinsam essen, lachen, dabei arbeiten, kreativ sein – nichts ist unmöglich.

Andrea, Sonja und Sara: Danke für eure Freundschaft. Danke für eure Liebe zur Sprache und zur Exzellenz. Danke, dass ich durch und mit euch gelernt habe, wie Leben bringend wertvolle Kommunikation ist. Danke, dass ihr mit mir die Liebe zu Milchkaffees und zu ungewöhnlichen Ideen teilt. Danke für alle wunderbaren Gespräche, die jedes Mal eine große Bereicherung sind. Ich liebe eure Klarheit und Weisheit.

Claudia: Danke für dein liebendes Herz als Königstochter. Danke, dass du durch dein Sein die Welt veränderst und für das Design meiner Bücher. Mit dir zusammenzuarbeiten ist pure Lebensfreude.

Beate: Du hast mir Schätze als Königstochter offenbart, die ich nicht kannte. Danke für dein Leben als Königstochter, die mit ihrer prophetischen Stimme Frauen aufbaut, tröstet und ermutigt. Danke, dass mit dir zusammen ungewöhnliche Träume zu träumen leicht ist. Danke für deine leidenschaftliche Liebe zu Vater Gott, die alle Furcht überwindet.

Michael: Danke für jede Minute die du investiert hast. Danke, dass deine Liebe für exzellente Sprache dich bewegt hat, jedes verstecke Komma und jeden versteckten Bindestrich ins Sichtbare zu bringen.

Reinhard, Erich, Detlef: Danke für euer Sein und eure Liebe zu Gott. Danke, dass ihr mit mir die Sehsucht teilt, dass Frauen aufstehen und in ihrer Schönheit strahlen. Danke, dass ihr eine Gemeinde gebaut habt, in der das Königreich erblühen kann.

Königstochter-Team: Danke, dass wir zusammen träumen, anbeten, lieben, weinen und lachen können. Ihr seid das beste Team auf der ganzen Welt. Ihr seid wunderschöne Königstöchter, die sich entschieden haben, aufzustehen und in ihrer Schönheit zu strahlen. Das Beste, was wir noch gemeinsam erleben werden, liegt immer noch vor uns. Ich liebe es, mit euch unterwegs zu sein.

Andrea Herzog | Ich liebe die Fülle, auch wenn ich manchmal über ein „Zuviel" stöhne. Ich organisiere und plane gern (Erstberuf), noch viel mehr liebe ich es, Menschen auf ihrem Entwicklungsweg zu begleiten (Zweitberuf), sie zu coachen, sie zu beraten und mit ihnen zusammen zu entdecken, welche Fülle und Wertigkeit Gott in jeden Menschen gelegt hat. Auf diesem Abenteuer-Entdecker-Weg bin ich selbst unterwegs. Ich lebe mit meinem Mann in der Nähe von Heidelberg. In eigener Praxis arbeite ich als Ehe- und Lebensberaterin (Master of Conseling) und Systemische Therapeutin (DGSF).

Beate Zimmermann | Ich bin verheiratet mit Michael und habe zwei Kinder und vier Enkelkinder. Von Beruf bin ich Kosmetikerin mit zertifizierter Weiterbildung im Bereich Aromatherapie. Mit großer Freude stelle ich gerne kostbare Salböle her. Außerdem liebe ich es, Menschen in Prophetie und Gebet freizusetzen.

Claudia Mohr | Für mich ist es ein Privileg, mit Jesus unterwegs sein zu dürfen und mit ihm die Liebe und Schönheit unseres himmlischen Vaters in diese Welt und zu den Menschen zu bringen. Das darf ich in meinem Beruf als Goldschmiedin tun, denn hier fertige ich mit den „herrlichkeiten" Schmuckstücke an, die an Gottes Liebe zu uns und an seine Verheißungen erinnern.
Daneben habe ich mit meinem Mann einen kleinen Laden, der ein Ort der Begegnung mit Menschen aus unserem Stadtviertel ist. Ich liebe es, wenn Menschen entdecken, was Gott Geniales und Kostbares in sie gelegt hat und dies zur Entfaltung kommt!

Diana Dalügge | Seit meinem 13. Lebensjahr bin ich Christin. Erst als Erwachsene habe ich begonnen zu entdecken und zu verstehen, dass Gott so viel mehr für mich bereithält, wie er mich sieht und wer er ist. Ihn zu kennen bringt mir mehr Heilung, Wiederherstellung, Freude, Friede und Freiheit, als ich zu glauben wagte. Auf dieser Reise entdecke ich mich und meine Gaben im Lobpreis, Malen sowie in meinem Beruf als Lehrerin neu. Es begeistert mich zu sehen, wie Jesus Leben transformiert.

Mirjam Baumann | Als ambulante Kinderkrankenschwester arbeite ich in der Kinder-Intensivpflege, was mir sehr viel Freude bereitet. Zudem habe ich noch Kunsttherapie studiert. Ich bin davon überzeugt, dass Kreativität einen großen Beitrag zur inneren und äußeren Heilung leistet. Ich liebe Gott, das Leben, die Menschen um mich herum, die Kreativität und die Natur. Ich bin immer wieder begeistert von Gottes Schöpfung und von ihm als Kreator-Gott, der die Vielfalt und Fülle liebt.

Nadine Stegmeier | Seit mehr als 10 Jahren bin ich auf meiner persönlichen Reise als Königstochter unterwegs. Ich habe meine Leidenschaft im prophetischen Malen gefunden. Ich brenne dafür, das Wesen Gottes, unseres Vaters, zu erforschen und bin immer wieder erstaunt darüber, wie unglaublich gut und liebevoll er ist. Ich bin verheiratet und stolze Mutter von zwei wunderbaren Teenagern. Zur Zeit arbeite ich als Erzieherin und übe gleichzeitig meinen zweiten Beruf als Farb-, Stil- und Imageberaterin aus.

Sarah Scharrer | Ich bin verheiratet und Mutter von drei Kindern. Als Grundschullehrererin befinde ich mich zurzeit in Elternzeit. In meinem Blog www.koenigstochterunterwegs.wordpress.com halte ich die Kleinigkeiten und Großigkeiten meiner Gedanken und Projekte fest und lasse so andere an meiner Reise als Königstochter teilhaben.

Sonja Brecht | Ich leite das deutsche Bethel-Sozo-Netzwerk und genieße es mitzuerleben, wie Menschen durch die Liebe des Vaters geheilt und freigesetzt werden. Auf meiner eigenen Reise als Königstochter habe ich durch Sozo große Durchbrüche erlebt und sehne mich nun danach, dass immer mehr Menschen die Wahrheiten Gottes als reale Zusagen für sich persönlich entdecken und in der Beziehung zu ihm Wiederherstellung erfahren.

Steffie Vogelmann | Ich bin verheiratet, habe zwei Töchter und bin deshalb auf der Königstochter-Reise zu dritt unterwegs. Meinem Mann und mir ist es wichtig, dass unsere Töchter jeden Tag hören, wie wunderschön und einzigartig sie sind und wie sehr sie geliebt werden. Unsere beiden Töchter sind ebenfalls mit einem Kreativbeitrag bei dem Buch beteiligt.

QUELLEN

LITERATUR & INTERNET

[12] Marc, Ursula: Nicht wie bei Räubers, D & D Medien 1998
[13] Vallotton, Kris: Eine Frage der Ehre, Wohlkunde-Verlag 2006

[15] Stolz: https://de.wikipedia.org/wiki/Stolz 27.03.2017
[16] Vergessen: https://de.wikipedia.org/wiki/Vergessen 20.01.2017

[18] Bode, Sabine: Die vergessene Generation, Klett-Cotta 2004
[19] Hybels, Lynne: Brave Mädchen verändern nichts, Gerth Medien 2006
[20] Focus: http://www.focus.de/gesundheit/ratgeber/psychologie/krankhei
tenstoerungen/verbitterungsstoerung-krank-durch-kraenkung_aid_
408360.html 23.11.2009
[21] William Paul Young: Die Hütte, Allegria 2011
[22] Silk, Danny: Lass deine Liebe an, Grain Press 2014
[23] Rosenberg, Marshall: Gewaltfreie Kommunikation: Eine Sprache des
Lebens, Junfermann Verlag 2012
[24] Thompson, Steve: Alle können prophetisch reden, Schleife 2000
[25] Vallotton, Kris: Basis–Training für den prophetischen Dienst, Grain Press
2013

Chapman, Gary: Die fünf Sprachen der Liebe, Francke 1992
De Silva, Dawna; Liebscher, Teresa: Sozo-Basic-Handbuch, Edition47 2011
Hemfelt, Robert; Minirth, Frank; Meier, Paul: Mut zur Liebe, Schulte & Gerth
1993
Johnson, Bill; Johnson, Eric: Monumentum, Grain Press 2012
Sauer, Tanja: Ein Weg zu deiner Schönheit, edition47 2016
Sauer, Tanja: Steh auf und strahle in deiner Schönheit, edition47 2016
Sehnen: http://www.duden.de/rechtschreibung/sehnen 30.06.2017
Frieden http://www.duden.de/rechtschreibung/Friede 30.06.2017

ORTE FÜR HILFE

Auf dem Reiseweg einer Königstochter hast du viele Impulse erhalten, die dich auf deinem ganz persönlichen Lebensweg ermutigen, verändern und strahlen lassen wollen.

Impulse sind gut zum Nachdenken – in aller Ruhe und ganz alleine. Manche Herzensimpulse sind gut, um sich mit anderen Frauen, mit dem Partner oder in einer Gruppe auszutauschen. Vielleicht sind Themen bei dir angesprochen worden, bei denen ein seelsorgerliches Gespräch hilfreich sein kann.

Jeder Mensch ist einzigartig. Daher kann das, was die eine Frau als hilfreich und auferbauend erlebt, für die andere Frau nicht das Passende für ihre Heilung sein.

Wenn du spürst, dass du auf deiner Reise als Königstochter professionelle Hilfe brauchst, möchten wir dir Mut machen, dich auf diese Reise-Etappe einzulassen.

Die Frauen aus dem Kretaiv-Team haben auf ihrer Reise Verschiedenes als hilfreich und wertvoll erlebt: intensive Gespräche mit einer Freundin, Seelsorge in der (eigenen) Gemeinde, Sozo, professionelle Beratungsgespräche, Therapie und Aufenthalt in einer psychosomatischen Klinik. Alles war auf seine Weise wertvoll.

So haben wir uns als Team zusammengesetzt und überlegt, welche Hilfsangebote wir hier auflisten. Wir haben uns dafür entschieden, solche Angebote aufzuführen, mit denen wir Kontakt hatten.

ANAD – Beratung bei Essstörungen
www.anad.de

Beratungsstelle für Ehe, Familie und Lebensfragen
Dieses Angebot der katholischen Kirche gibt es bundesweit.
www.efl-heidelberg.de

de'ignis-Fachklinik gGmbH - Fachklinik für Psychotherapie, Psychiatrie und
Psychosomatik
www.deignis.de

Sozo Deutschland
www.bethelsozo.de

Ein Weg zu deiner Schönheit
Frauen entdecken das Königstochter-Gebet

Hin zu der Schönheit, die Gott in jede Frau gelegt hat, und weg von den Schönheitsidealen und Diäten. Die Autorin nimmt die Leserinnen mit auf einen Weg, diese Schönheit zu finden und zu leben.
„Ein Weg zu deiner Schönheit" zeigt Frauen, u. a. anhand von Lebensbeispielen, wie sie „anders" füreinander einstehen und miteinander beten können.

Für alle Frauen, die sich wünschen, in ihrer Identität als Königstochter zu leben, ist dieses Buch eine positive Herausforderung und ein Schatz zugleich.

Zu bestellen bei www.edition47.de

Steh auf und strahle in deiner Schönheit

Das Handbuch zu Königstochter

Tanja Sauer

VORWORT VON GEORGIA BÜHLMANN

Steh auf und strahle in deiner Schönheit

Königstochter

Käme es nicht einer Revolution gleich, wenn Frauen in ihrer Schönheit erstrahlen würden?

„Steh auf und strahle in deiner Schönheit" ist mehr als ein reines Handbuch über das Konzept von „Königstochter". Es lädt Frauen ein, als Königstochter zu leben. Wenn Frauen als Königstöchter in ihrer Schönheit aufstehen, um in ihrer Identität zu leben, wird sich die Welt verändern. Eine Schönheit, die frei ist von Angst, Machtkämpfen, Missbrauch, Kontrolle und Konkurrenz. Eine Schönheit, die Vater Gott widerspiegelt.

Tanja Sauer nimmt die Leserinnen mit auf ihre persönliche Reise, aus schwierigen Situationen aufzustehen und als Königstochter zu strahlen.
Die Geschichte, die Werte sowie das Konzept von „Königstochter" werden vorgestellt. Die vielen praktischen Tipps und Anregungen helfen, „Königstochter" kennenzulernen und zu verstehen.

Ferner sind im Handbuch ausgearbeitete Entwürfe für Königstochter-Abende enthalten.

Wie in dem Buch über das Königstochter-Gebet „Ein Weg zu deiner Schönheit" findet man in „Steh' auf und strahle in deiner Schönheit" Impulse, die das eigene Leben als Königstochter positiv auf den Kopf stellen können.

Zu bestellen bei www.edition47.de